より良く生き延びるための14章

社会学の知恵も使ってみよう

山口美和
Yamaguchi Miwa

創元社

より良く生き延びるための14章

社会学の知恵も使ってみよう

山口美和
Yamaguchi Miwa

はじめに

大学で一般教養の社会学を担当するようになって、20年以上が経ちました。社会学は、本当に面白い科目だと思います。私達は社会の一員として生きています。人が集まって社会を形成するわけですが、その中で生きるのはどういうことかを教えてくれる科目なのです。

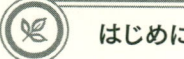

私達を取り巻く社会は、シンプルなものではありません。なかなかに複雑です。「社会学」はその複雑な社会を扱うのですから、さっぱりすっきり、というわけにはいきません。多くの人が当たり前と考えていることは、実は当たり前ではありませんし、この世界には、実に多くのものの見方があります。こうしたことを学ぶと、皆さんと周囲の関わりもきっと変わってくるはずです。

この本は講義のテキストですが、一人で読んでもわかる、読み物としても面白いものにしたいと思って作りました。私の講義を聞いて下さる方の役に立てば嬉しいし、講義を聞かれない方にも世界が広がったり、少し元気になったりというきっかけになってくれたらいいと思います。

学ぶことの意味はいろいろありますが、少なくとも大学の一般教養について言うなら、自他共に幸せに生きていくための基礎訓練だと私は考えます。この本が、そのための小さな手助けになってくれたら幸いです。

目　次

はじめに …… 2

第1章 社会の中の人間 …… 9
1．社会学とは
2．自分とは
3．「みんなの言うこと」は当てにならない
4．「当たり前」は本当か
まとめ
おすすめの本

第2章 ライフステージを考える その1 …… 22
1．「おむつはずし」は必要ない！
2．やるべきときに、やるべきことを
まとめ
おすすめの本

第3章 ライフステージを考える その2 …… 37
1．小学生は
2．青年期
まとめ
おすすめの本

第4章 ことばが世界を作る …… 58
1. 世界の違いは〇〇の違い
2. 人間は世界を作り替えてきた
3. ことばの役割
まとめ
おすすめの本

第5章 人間らしさとは …… 71
1. 多すぎる欲望
2. 少なすぎる欲望
3. 文化とは
まとめ

第6章 デュルケムの『自殺論』 その1 …… 88
1. 社会学の祖
2. デュルケムのすごさ
3. デュルケムの見つけたこと
まとめ
おすすめの本

第7章 デュルケムの『自殺論』 その2 …… 103
1. 自殺の分類
2. 自己本位の自殺と集団本位の自殺
3. アノミーの自殺と宿命主義の自殺
4. デュルケムの分析

まとめ
おすすめの本

第8章 宗教と資本主義 …… 117
1．ウェーバーの『プロテスタンティズムの倫理と資本主義の精神』
2．プロテスタントとカトリックの違い
3．禁欲が資本主義を生み出した
4．知っておいて欲しいこと
まとめ
おすすめの本

第9章 フロムの『自由からの逃走』その1 …… 132
1．なぜ戦争が起こるのか
2．フロムの『自由からの逃走』
3．『自由からの逃走』を理解するために
4．自由を捨てた人達
まとめ
おすすめの本

第10章 フロムの『自由からの逃走』その2 …… 147
1．第1次世界大戦後のドイツとナチス
2．再び『自由からの逃走』
3．『自由からの逃走』に学ぶこと
まとめ
おすすめの本

第11章　潜在的機能（かくれたはたらき）を考える……158
1．何を犯罪と考えるか
2．いじめについて考える
3．潜在的機能（かくれたはたらき）について
まとめ
おすすめの本

第12章　マートンのアイディアから……171
1．アメリカの禁酒法
2．予言の自己実現
3．自殺的予言
4．「予言の自己実現」のアイロニー
まとめ
おすすめの本

第13章　家族を考える……185
1．「子どもは殺さなければいい」その深い意味
2．子どもが心を病むこと
3．それでも家族は面白い！
まとめ
おすすめの本

第14章　結び ……… 200
1.「自信と安心」の大切さ
2.「常識」を疑ってみること
3. 学ぶことの責任
まとめ
おすすめの本

終わりに ……… 212

ブックデザイン　上野かおる

第1章

社会の中の人間

1 社会学とは

皆さんは社会学って聞いたことがありますか。この言葉に初めて出会う人が多いのではないでしょうか。高校の現代社会や倫理の一部と重なる内容もありますが、まずは心理学と同じように、新しいものとしてお楽しみ下さい。

いきなりですが、社会学の定義をしますね。社会学は簡単に言うと「人と人とが共に生きていくから起こる、いろいろなことを研究する学問」ということになります。私達はイヤでも人の中で人と関わって生きています。自分は一人だ。誰とも関わりを持たない、と思っても、「積極的に関わりを持とうとしない人」あるいは「関わりを拒絶する人」という形で周りに理解され、そのように扱われるということで、やはり本当に人と関わらずに生きることはできません。気がついたら無人島で、一人きりで暮らしていたという場合でも、どこかで誰かがいなくなったあなたを必死で探しているかもしれないし、あまり考えたくはありませんが、「いなくなってくれて良かった。ずっと帰ってこないで欲しい」とほっとしている人がいるかもしれません。この場合も遠く離れたところで、あなたはやはり人との関わりを持っているのです。

私達は好むと好まざるにかかわらず、多くの人と共に生きています。人と人が一緒にいると、本当にいろいろなことが起こります。親しい人とそうでない人、小さなグループや大きな集団、嬉しいことや嫌なこと。そうしたいろいろな出来事から、隠れた法則を見つけ出したり考えたりするのが社会学です。そうは言ってもどんなものかイメージがわきにくいですよね。これから少しずつわかってもらえたら充分です。あせらずにいきましょう。

2 自分とは

人間は、自分自身に興味を持つ生き物です。人間とは何か、というのはとても人間的な問題です。少なくとも野生の動物は多分、「自分って何？」とか「何のために生きているんだろう？」などとは考えないだろう（そんな余裕はないだろう）と思います。（そんな余裕はないだろう）と書きましたが、こうした疑問はただ生きるだけでなく、「良く生きること」を意識するようになって生まれる問いです。私のように日々の暮らしにどっぷりつかっていると、「そんなん、どうでもええやん」という気になりますが、人間は昔からこういうことを考えるのが好きでした。
　正解がいくつもあるような問いですから、答えもたくさん考えられます。少し余計なことを言いますが、高校と大学が一番違うのは、このような正解がいくつもある、もしくは正解があるかどうかもわからない問題と付き合うことです。言うまでもなく、世の中はこんな問題ばかりですから、いよいよ大人に近づいたことになりますね。話を戻します。経済学を学ぶ人は人間を、損をせず得をするように振る舞う「経済人」だと考えましたし、フロイトは「性的存在」としての側面を強調しました。人間は遊ぶ者（ホモ・ルーデンス）だと言った人もいます。どれも、自分が関心を持つ部分に焦点を当てた言い方ですね。
　ならば、社会学は人間をどう考えるのでしょう。実は文字通り「社会的存在」だと考えます。社会的存在とは、人と共に生きる存在だということです。私達は互いに良くも悪くも影響を与え合って生きていますが、社会学は「群れとしての人間」のあり方に興味を持っていると言えるかもしれません。
　ところで若い皆さんは「自分って何だろう」と考えたことがありますね。普通、中学生や高校生の時期にはこういうことが気になるものです。これもさっきの「人間とは何か」と同じく答えは一つではないですね。とても人間らしい問題です。私のように長く大人をやっていると、これまた「そんなん、どうでもええやん」「ここにいる私が私やん」と身もふたもないことで納得しますが、皆さんにはうんと悩んでいただきたいと思います。こういうことでぐだぐだと悩むことも、大人になる上でとても大切な経験ですから。悩んでいる当人は、こんなことに何の意味があるのだろうと思いますが。

その自分ですが、自分というアイディアも実は、周りに人がいるから生まれるものです。本当に一人だけならば、自分というアイディアは生まれません。こういうと意外に思われるかもしれませんが、もし周りに人がいなければ、自分と区別、比較するものがないので、わざわざ自分を意識する必要がないのです。自分が周りの人とは違う独自の存在であることを、私達は周りの人から学びます。そして周りの人に「あなたはこういう人だね」と評価されることで、自分のイメージを作っていくのです。このことを、クーリーは「鏡に映る自己」と表現しました。時々公務員等の一般教養の試験に出ますので、覚えておかれることをお勧めします。

自分の姿は鏡やガラスなどに映してみないと、見ることができません。（写真を撮っても、リアルタイムで確認することはできませんね。）それと同じで、自分がどんな人間かというイメージは、周りの人の言うことや反応から作られていきます。小さな子どもにとっては、親や身近な大人の言葉や接し方が大きな意味を持ちます。人間としての根っこが作られるこの時期、できれば周りの大人達（親とは限りません）には否定的な言葉を使わないでいただきたいなと思います。腹が立つことはたくさんあるでしょうが、「だめな子だ」とか「ばか」とか「あんたなんか産むんじゃなかった」など、子どもの存在を否定するような言葉が出そうになったら、ぐっと飲み込んでもらえたらと思います。人を傷つけた言葉は、さらに強い力を持って自分に返ってきます。どうせならば、嬉しい言葉や良い言葉が大きくなって返ってくる方が楽しいでしょう。

子どもが小さいうちは、親や身近な大人の反応が全てですが、やがて友達からの評価、友達にどう思われているのかということが意識の中心になってきます。思春期になるとさらに、異性からの評価も気になり始めます。

社会の中で、自分がどう作られていくのかを考えた人にG.H.ミードがいます。人間は、自分について考えることができます。考える自分が、自分自身をテーマにすることができるのです。これは「社会的相互作用」といって、周りの人の見方や考え方から自分を見直すことで可能になります。他の人と関わり、互いに影響を与え合うことで「自分」というアイディアが生まれてくるのです。ミードという名前、「社会的相互作用」という言葉はセットで覚えて下さいね。

3 「みんなの言うこと」は当てにならない

小さな頃から、よく「みんなが言ってる」「みんながしてる」「みんな持ってる」といった言い方をします。大人になってもつい使うことがあるかもしれませんが、その「みんな」って誰でしょう。小学生の言う「みんな」は、せいぜい自分の身近な3人ぐらいです。大人も実は、かなりいい加減にこの言葉を使っています。今度あなたが「みんなが……」と言いそうになったとき、みんなって誰だろう、何人ぐらいいるだろうと試しに数えてみて下さい。たいていの場合、具体的な顔が10人も出てくるかどうかというところです。「みんながしてる」「みんなが言ってる」「みんな持ってる」……本当かな、とちょっと立ち止まって考えてみて下さいね。

もう一つ。「友達の友達」って誰でしょう。よくわからない、ちょっと不確かな噂話は「友達の友達」からやってきます。身近なようで実は姿の見えない人ですね。「友達がこんな経験したんだけど」といった話は、本当に近いケースが多いだろうと思います。でも「友達の友達」は、かなり怪しい。そういう人が実在するかどうかもわかりません。いちいち否定したり、「そんな人いるの？」と突っ込む必要はありませんが、真に受けて新たに噂を広めたり、振り回されたりしないのが大人というものです。

私達はかなりおめでたくできていて、同じ確率でも良いことは起こりやすく、悪いことは起こらないような気がするものです。これは悪いことではありません。小さな確率でしか起こらないことにびくびくするより、幸せなことが起こりそう、と思う方が楽しく生きていけますから。

たとえば大人達が結構好きな宝くじは、この錯覚を大いに利用して売られています。日本宝くじ協会のホームページ（2010年9

月閲覧）によれば、「平成20年度には、1000万円以上の高額当せん本数は3486本。毎日約９人も誕生していることになり……」とありました。2020年現在、こうした記載はありません。何だか買わないと幸運を取り逃がしているような気がする人もいるかもしれません。でも――。

ちょっと考えてみましょう。１年間に交通事故で亡くなる人の数は、近年減り続け、2019年の死者は3215人です（e-stat、2020年2月閲覧）。2008年の高額当せん者より271人少ない数です。宝くじは買わなければ当たらない、とよく言われます。その通りです。ですが考えようによっては、1000万円以上の高額当せんするのと、交通事故死する危険性はあまりかわりません。脅かすわけではありません。どちらも非常に小さな確率です。「ほぼ起こらない」程度ということにかわりはありません。

次は心理学の実験についての話です。完全な暗室で、止まっている小さな明かりを見ているとその明かりが動いているように見えるそうです。真っ暗な中ですから、位置を把握することが難しいですね。自分の体が動いているのにそれがわからないので、明かりの方が動いているのだと思ってしまうのです。本当は動いていない明かりが動いて見える理由の一つです。

明かりが動いて見える大きさは、人によって違います。100回ほど実験を繰り返すと、だいたい狭い範囲に落ち着くといいます。たとえば２－３センチ動いているように見えた人もいれば、７－

8センチ動いているように見える人もいるという具合です。あえてその数値の離れた二人を一緒に暗室に入れ、何センチ動いているかを声に出して答えてもらうと、（これも100回ほど実験を繰り返します）最初離れている二人の数値が、最終的に初めの数値の真ん中あたりに落ち着くのだそうです。三人一緒でもやはり、三人バラバラだった初めの数値の真ん中あたりに落ち着くといいます。

これはどういうことでしょう。ものの見え方といった感覚に関係することでさえ、私達は周りの影響を受けるのです。そして周りの見え方を確認しながら、自分の見え方を修正していきます。ここで注意しておきたいのは、みんなで修正した見え方が本当の見え方に近いわけではないということです。明かりは本当は止まっています。だから本当に近いのは、動く数値の少ない人です。でも、少ない数値に収束することはあまりなく、最初の数値の真ん中あたりに集まります。私達はときに、みんなで間違ったところへと集まってしまうのです。

4 「当たり前」は本当か

私達は自分が当然と考えることは、誰に対しても「当然」のものと考えがちです。でもそんなことはありません。エスカレーターの左右どちらを空けて立つかといったことや、お正月のお雑煮は地域によって違いますね。お小遣いの額や、勉強に対する考え方は、人や家によって大きく違います。どれが正しいというのではなく、いろいろな考え方があるのです。このことをはっきりと理解できれば、小さなトラブルはかなり少なくなります。多くのトラブルは、自分と周りの「当然」がずれていて、それが自覚できないから起こります。自分の考えをわかりやすく相手に伝える。相手の考えを理解しようと努める。皆が意識的にこれを行えば、世の中は随分平和で暮らしやすくなるはずです。まずは、家族や大学の仲間といった、比較的近い関係から始めませんか。もちろん、すぐにうまくいくわけではありませんが、対人関係の良い訓練になりますよ。

世界に目を向ければ、もっとびっくりするようなことがたくさんあります。たとえば——。ある男の人と義理の母親（皆さんのお父さんと母方のおばあさんを想像して下さい）がいます。この二人が道の向こうとこちらから近づいたら、どうなるでしょう。同居していてもしていなくても、言葉を交わしたり、ちょっと会釈したりしてすれ違うでしょうね。日本では、それがごく普通です。もし、二人が何も言わず、視線も合わさずすれ違うとしたら、関係は良くない状態だと思われます。ところが、オーストラリアのマーンギン族のルールは違います。二人はすれ違うとき、決して言葉を交わすことも会釈することもありません。顔を背け視線を合わせない。それが彼らの礼儀なのです。義理の息子から義理の母への敬意を表す行動だということです。私達の考える「当たり前」とは随分違うでしょう。こんな例は実にたくさんあります。

私達が「当たり前」と考えていることは、あくまで自分の周りという狭い範囲の常識に過ぎません。大学でいろいろな地域から来た人と付き合ううちに、そうしたことに気付いた人もあるでしょうね。これからのお話を通して、「当たり前」と思ってきたことや「常識」のいい加減さに少しずつ気付いていただけたらと思っています。世の中の常識に流されず、自分だけの考えにとらわれず、周りの人の知恵を上手に借りながら、たくましく楽しく生き延びていきましょう。その技術が知性です。そして知性を磨くのが大学生の仕事です。ぼちぼちいきましょう。

まとめ

❶ 社会学とは

私達は皆、多くの人と共に生きている。
社会学は「人と人とが共に生きていくから起こる、いろいろなことを研究する学問」。

❷ 自分とは

人間は、自分に興味を持つ生き物。
「経済人」、フロイトによる「性的存在」、「ホモ・ルーデンス」（遊ぶ者）など。
社会学は人間を「社会的存在」（人と共に生きる存在）だと考える。
自分というアイディアも実は、周りに人がいるから生まれる。
クーリーは「鏡に映る自己」と表現。
ミード「社会的相互作用」自分は周囲と影響を与え合って形成されていく。

❸「みんなの言うこと」は当てにならない

「みんな」って誰だろう、何人ぐらいいるだろう。

「友達の友達」は、かなり怪しい。

同じ確率でも良いことは起こりやすく、悪いことは起こらないような気がするもの。
宝くじは、この錯覚を利用して売られている。

感覚に関係することでさえ、私達は周りの影響を受ける。
私達はときに、みんなで間違ったところへと集まってしまう。

❹「当たり前」は本当か

多くのトラブルは、自分と周りの「当然」がずれていて、それが自覚できないから起こる。自分の考えをわかりやすく相手に伝える。相手の考えを理解しようと努める。
私達が「当たり前」と考えていることは、多くは自分の周りの常識に過ぎない。

おすすめの本

谷岡一郎『「社会調査」のウソ』文春新書、2000年

私達は統計で数字を見せられると、つい無条件に信じてしまいそうになります。でもその数字は、本当に信じる値打ちがあるデータでしょうか。実はたくさんのゴミデータがあることや、数字にごまかされないための考え方、数字の読み方などを教えてくれます。

日垣隆『世間のウソ』新潮新書、2005年

この本も常識として広く信じられていることや、世の中の声に、かなりでたらめが多いこと、どうしていい加減な情報が流れるのかについて教えてくれます。「みんなが言っている」からといって必ず正しいわけではないし、マスコミの情報だから確かだと無邪気に信じることの危険性がわかります。

第2章 ライフステージを考える

◆その1◆

1 「おむつはずし」は必要ない！

今日は、ライフステージについて考えてみましょう。ライフステージという言葉は、初めて聞くという方も多いでしょうね。人生の段階とでもいいましょうか。とはいえ、難しく考えることはありません。まずは、「おむつはずしはいらない」というところから、始めましょう。

社会学の時間に「おむつはずし」？　そもそも「おむつはずし」って何？という皆さんの声が聞こえてきそうです。「おむつはずし」とは、小さい人のおむつをつけた生活を、パンツをはく生活に進化させるためにすることです。皆さんはあまり見たことがないでしょうが、育児雑誌では毎年少し暖かくなってくると「今年こそ成功させるおむつはずし」「これで大丈夫、おむつバイバイ」といった特集が組まれます。小さい人と付き合う上では、大事なイベントの一つです。

親や保育士達は、「おむつはずし」のため、けなげな努力を続けます。様子を見ながらトイレに連れて行き、おしっこが出るよう声をかけます。うまくいったらほめてやり、失敗しても叱らないよう努力し、失敗の後始末をしたり、トイレの飾り付けをしたり。ところが、そんなにすんなり進むはずもなく、結構なストレスの元となったりするのです。この大変なおむつはずし、実は必要ないのです。こんなに大変な努力をしなくても、健康な子どもは簡単にパンツの人に進化していきます。時期さえ来れば。

この話を聞いたのは、大学3年生のときでした。集中講義でいらした先生（註1）は話がとても上手で面白く、どんどん受講生が増えていきました。私も登録していた講義は別だったのですが、友人に誘われて入り浸ってしまいました。そのときとても印象深かったのが、この話でした。先生は、「この話は必ず覚えていて、皆さんのお子さんで人体実験をして下さい。きっと私に感謝されると思います」と言われました。素直な私は本当に二人の子どもで実験し、二人とも大成功。ご近所のママ友にも布教しました。ところが、です。皆、一人目ではなかなか聞いてくれないのです。「そんなうまくいくわけないやん」とか「みんなちゃんと努力してるし」などと言って。育児に疲れた二人目で、やっとダメモトで試してみて、「すごいやん。あれ！」となるのです。

なぜ、おむつはずしはいらないのか。理由はとてもシンプルです。時期が来れば脳に必要な命令系統ができるからです。それを待てばいいのです。私達はトイレで用を足すという行為を、ほとんど意識せずに行っています。健康であれば、考え事をしながらでもまず失敗することはありません。ちょっとたまってきたかなと思う→ここで用を足してはいけないと思う→トイレへ行くと決める→トイレに行く→必要な準備をする→用を足す→後始末をする。これらの行為はワンセットになっていて、ことさらに意識しなくても順序に沿って進めることができます。これは脳に命令系統ができているからです。

実際にトイレに誘導する指導をしなくても、子ども達は周りの大人達がトイレで用を足しているらしいことは知っています。自分達はおむつを着けているけれど、大きい人達はどうやらおむつの交換をせずに生活していることも見ています。だから脳に用意が整えば、自分から「トイレに行く」と言い出すのです。この時期には個人差がありますが、だいたい2歳半から3歳にかけてというお子さんが多いようです。自分から行くと言い出してから、トイレに連れて行き声をかけるような「おむつはずし」をすれば、ほぼ1週間で完全にパンツの人になれます。ただしこれは昼間の話で、夜はさらに半年から1年おむつがある方が安心です。

このやり方は自然に任せるものですから、楽で確実です。またおねしょが起こりにくいというメリットもあります。自然にできる命令系統は強いのです。あえて言いますが、必死でストレスをためて闘うおむつはずしは、無理に命令系統を作ろうとする行為です。ですから意識がある昼はまだしも、無意識が強くなる夜は、命令がうまくいかず、失敗してしまうことになるのです。一人目は頑張っておむつはずしをし、二人目は何となく取れてしまった。必死で取った一人目はおねしょがなかなか治らないけれど、二人目はほとんど失敗しない、といった例はいくらもあります。自然であること、無理をしないことは、実はとても強いのです。人間も生き物だからです。

この無理をしないおむつはずしは、基本的に良いことばかりなのですが、実は困ったことも少しですがあります。周囲、特に年長者とのお付き合い、もっと言うなら親達とのトラブルが生まれる危険性があるのです。皆さんの親御さんの中にも、何もしないうちに取れちゃったという方がいらっしゃいます。しかし圧倒的多数の方は「そんなうまい話があるわけがない」「あればみんな苦労はしない」と思っておられます。ですから親御さんの前では、従来のおむつはずしもしているフリが大切でしょう。別居の場合、たまに遊びに来られる、里帰りをするぐらいのお付き合いが多いでしょうから、苦労は少ないはずです。同居の場合は、正直に「こんな方法があって良いらしいから試してみたいです」と言うのが一番なのかなと思います。また保育所（園）にお世話になる場合は、汚れた衣類の持ち帰り等本当に大変ですが、これはひたすらありがたいことと感謝して下さいね。間違っても「おむつはずしは必要ないのでやめて下さい」などと言わないことです。周囲とのトラブルはなるべく少なく、お互い気持ちよく生活するのは、大切な大人の知恵です。これは社会的な生き物である人間としては、押さえておきたいところです。

この章の話を「おむつはずし」で始めたのは、何よりとても役に立つからなのですが、「常識」が人を不自由にする良い例だからです。こんなにいい話なのに、私も努力していますが、なかなか広まりません。「そんなにうまくいくはずがない」「おむつを取るにはそれなりの努力が必要だ」という「常識」は、とても強いものなのです。私達が社会学を学ぶのは、そんな強い、ときに人を不自由にする「常識」に対して、「本当かな」と疑ってみる習慣を身につけるためでもあります。

2 やるべきときに、やるべきことを

先にも言いましたが、無理をせず生き物としての自然に任せるのは、実はとても楽で強いことです。この章と次の章で、生き物として成長していく上で、知っておいた方が良いことをご紹介していきましょう。

まず三つの前提を紹介します。

①人にはそれぞれの段階で「やるべきこと」がある。

②「やるべきこと」をとばすことはできない。

③もしとばしてしまったら、後でもっと激しくそれをやらなければならない。

何のことだかよくわかりませんね。説明していきましょう。今

日はまず、小学校に入学する前の段階を考えてみましょう。乳幼児期と言っても良いでしょう。この時期に必要なことは二つです。たっぷり甘えることとたっぷり遊ぶことです。たっぷり甘えることは、自分の存在を認めてもらうこと、生きていても良いんだよと認めてもらうことです。だから周りの大人は、その子が安心できるよう、生理的な要求をかなえてやったり、保護してやることが必要なのです。

もちろんしつけは必要です。社会的なルールを教えることは、社会的な生き物である人間にとってとても大切です。ときに混同されますが、甘やかすことと甘えさせることは全く違います。甘やかすとは、しつけをおろそかにして理不尽な要求を聞くことです。当然ですが、甘やかされてばかりいると、甘ったれて要求が通らないと暴れるようなかわいそうな子どもに育ってしまいます。これに対して、甘えさせるのは、心が辛いときに「大丈夫」とフォローしてやることです。

泣かされて帰ってきたら、よしよしと慰めてやれば良いのです。夜一人でトイレに行けないならついて行ってやればいいし、夜一人で眠れないなら大人と同じ部屋で眠ればいい。今からこんなに弱くては、世の中の荒波に立ち向かえない、とは全くの誤解です。辛いときや不安なときにしっかりとフォローしてもらうことで、自分には守ってくれる人がいるのだと、勇気が生まれ自信ができます。このとき子どもは、自分には味方がいるということ、弱くても怖くてもこのままの自分で良いということを学びます。自分自身に対する自信、生きていけるという自信です。たっぷりと甘えることができれば、もう充分とあっさり親や身近な大人（註２）から離れていけるのです。

「いじめに負けない、社会の荒波に負けない強い子にしたいから」と、小さいうちから甘えを許さず、「しっかりしなさい！」と無理な自立を促すとどうなるか。皮肉なことですが、なかなか自信が持てない、決断力のない子になってしまいます。またときに引きこもったり、家族に暴力をふるう場合もでてきます。これは甘えたい気持ちが変形してしまったものです。引きこもるのは、誰にも傷つけられない安心な場所にいたいから。家族への暴力は、辛い気持ちを受け止めて欲しいのをうまく言葉にできないからです。これは先に挙げた前提の②と③に当たります。「たっぷり甘えること」をとばすことはできないから、乳幼児期に足りなかった甘えが後になって激しい形で出てきたものです。

周りの人も辛いですが、本人はもっと辛い。「たっぷり甘えること」で手に入れるはずだった生きる上での自信、自分の存在の根っこを見つけようともがいている状態なのですから。こうなったら、幼児期を取り戻すことが必要です。それはもしかしたら一緒に遊ぶことかもしれないし、同じ部屋で眠ることかもしれない。ときには大きくなった体を抱きしめてやるのが必要な場合もあるでしょう。問題の出てきたときが、一番の解決のチャンスです。後になればなるほど、問題はさらにややこしく複雑になって、解決にも時間がかかります。

一見何事もなく過ごしてきた人の中に、大切な人との関係をうまく築けない人があります。相手に無意識に、親代わりの無償の愛を求めてしまい、「重たく」なって離れられてしまうのです。甘え方が異常で、理不尽に相手を振り回してしまう人達です。こういう人達は必死でしがみついてきますから、ついほだされてずるずる付き合い、言うことを聞いてしまう人もいますが、親代わりを求められても充分にかなえるのが難しいため、お互いに辛い思いをすることになりがちです。

「あなたが（お前が）いないと生きていけない」などと言われると離れにくいものですが、この手の人は近づく人に同じことを言ってしまいます。あえて言いますが、相手は好意を持ってくれる人なら誰でも良いのです。一般的には、いつも一方が相手のお守りをする関係は健全とは言えないし、長続きしにくいものです。若い人が「私がこの人を何とかしてみせる」などとは考えない方が良いでしょう。共倒れになり、二人とも不幸になる危険性が高いからです。

ではどうしたらいいのか。幼児期に甘え足りなかったなと思うなら、自分で自分を甘えさせ、ほめてやることです。辛い思いをしてきたけれど、ここまで生き延び努力してきた自分を、自分でほめてやるのです。幸せに育ってきた人がうらやましくねたましいこともあるでしょうが、辛さをやり過ごしてきた人には内面に何とも言えない深みが生まれます。周りにしがみつき、振り回すような愛情確認をやめることで、もっと深く人から愛されるようになるのです。
　過去や周りを呪いたくなる不幸は確かにあるでしょう。しかしそこにとらわれたままでは、目の前の幸せを取り逃してしまうかもしれない。それはあまりにももったいないことです。これまでが不幸だったのなら、これまでの分も幸せになる方がいい。そのためにも、自分で自分を幸せにしてあげて欲しいのです。ここまで生き延びてきた人なら大丈夫。すぐに何もかもうまくいくわけではないけれど、少しずつ自分を認め、ほめられるようになると良いですね。

　さて、もう一つ「たっぷり遊ぶ」方もとても大切です。「子どもは遊ぶことが仕事」と以前はよく言ったものですが、正しいと思います。子どもは遊びを通して、生きていく上での様々な知恵を身につけていくからです。欲を言えば、年齢の違う子ども達と外で遊べれば理想的なのですが、そうでなくても、体や頭を使い工夫する余地の大きい遊びをたっぷり経験したいところです。子ども達は本来遊ぶことが大好きです。周りからストップをかけられなければ、いつまでも遊べます。遊びながら子ども達は頭と体をフルに使い、自分達を成長させていきます。また集団で遊ぶことで、いつも自分の希望が通るわけではないことやけんかの仕方、仲直りの仕方など、人間関係の作り方を学んでいきます。だから、なるべくなら一人遊びばかり、それも機械相手のゲームばかりではない方が望ましいのです。（もし、一人で石ころ相手にいつまでも遊べるなら、それはとても素敵なことだと思います。）

「たっぷり遊ぶ」体験を充分に持てた子どもは、小学生になってからスムーズに学ぶことに取り組めます。トラブルもいろいろ経験しつつ、それでも世界には楽しいことがたくさんあるらしいと体で理解しているからです。

それではこの時期に、気をつけた方が良いのはどんなことでしょう。あくまで一般論ですが、いわゆる「早期教育」には注意が必要です。「たっぷり遊ぶ」経験を持ちにくくするからです。親が「早期教育」をさせるのは、もちろん子どものためです。子どもの能力を充分に伸ばし、より良い未来に近づけるためです。しかし、望まない結果を招いてしまうことも珍しくありません。

子どもは新しいことをどんどん覚えます。たたき込めば、びっくりするような成果を見せてくれます。しかしその記憶は多くの場合、3年も経つと思い出せなくなってしまいます。それでも詰め込むのは、多くの場合受験のためです。より良い幼稚園や小学校に進めたら、と願うからです。

多くの親は「子どもは喜んで取り組んでいます」と言われます。それは多分本当です。子どもは親が喜ぶと嬉しいですから。自分が勉強すると、そして良い成果が出ると親が喜ぶから、自分も嬉しいのです。しかし本当にいわゆる「早期教育」を喜ぶ子どもが、一体どれくらいいるでしょう。まったくいないわけではないでしょうが、きわめて少ないだろうと思われます。生き物としての子どもは、何よりも「遊ぶ者」であるからです。

「たっぷり遊ぶ」体験を充分に持てなかったら、どうなるか。周りとの関係をうまく作れない危険性が高くなります。自分の気持ちを伝えられない。あるいは周りのことなどお構いなしにわがままを通し、嫌われてしまう。自分と周りの気持ちをうまく調整することができない、などの状態が考えられます。また、あまりにも早く「燃え尽き」の状態に陥る子どもも出てきます。受験の終了とともに、やることはやった、もう勉強はしたくない、できない状態になってしまうのです。

でもこれも、問題は早く出てくる方が傷は浅くてすみます。問題が出てきたときに「たっぷり遊び」直せば良いのです。充分に遊んだと実感できれば、時間はかかっても意欲を取り戻すことができますから。中学生、高校生になって遊びを取り返そうとするケースも多々ありますが、これは少々やっかいです。彼らの「たっぷり遊ぶ」は、ときに社会的なドロップアウトにつながることもあるからです。夜通し遊ぶ。繁華街で遊ぶ。そうすると、どうしてもお金が必要です。家のお金を黙って抜き取ることから始まり、違法行為や援助交際（あまりにもうまいネーミングです。罪悪感が見事に飛んでしまいます）に手を染めてしまう子どもも出てきます。

外に向かう子どもばかりではなく、内に向かう場合もあります。いわゆる「引きこもり」です。先に述べたように、自分を守るための引きこもりもありますし、好きなことを存分にやるための遊びを取り戻す引きこもりもあります。どちらにも当てはまるケースも当然あるでしょう。

これらも彼らなりに「やるだけやった」と実感できれば、いつまでもこんなことばかりしてはいられないと、遊びから卒業していきます。ですが、できれば「遊びが仕事」であるうちに、たっぷり遊べたら良いなと思います。中学生や高校生の夜遊びや引きこもりには、どうしても何らかの犠牲が伴いがちですから。

「早期教育」や「受験」が必ず困った結果を招くというわけではありません。ただ、できればたっぷり遊ぶ体験を損なうことがなければいいなと願います。

小学校へ入るまでの時期は、人間の土台を作るとても大切な時期です。この時期にたっぷり愛され、たっぷり遊ぶことで、子ども達は「自信」と「安心」を手に入れるのです。たっぷり甘えさせてもらうことで、自分はそのままで良いのだという自信と、困ったときに守ってくれる人があるという安心を。充分に遊ぶことで、自分は楽しくやれるという自信と、この世には面白いことがたくさん待っているという期待を。自信は、自分はなかなかいいという、内側に対するOKの気持ち。安心は、味方がいたり楽しいことがあったり、そう悪いことは起きないという、外の世界に対するOKの気持ちです。信頼とも言えます。

内に対する「自信」と外側への「安心」。この二つは、生きる上での大きな武器になります。根拠がなくても大丈夫と思えることが、どれほど毎日を楽にしてくれるでしょう。自分を信じ、周りを信じられることは、精神的にとても幸せです。たとえ裏切られても、この世の終わりではないし、経験から学べるし、今度はまた何か良いことに出会えるかもしれない。辛いこと、困ったこともたくさん起きるけれど、生きていくことはそう悪くない。素直にそう思える人は、周りの人に大事にされた人が多いはずです。

自分には大事にされた経験が欠けているという人もあるでしょう。先にも述べましたが、そんな人は周りに寄りかかる前に、自分で自分を大事にしてあげて下さい。自分で自分を大切にすることを学んだ人には、強さと深さが備わり、何とも言えない魅力になります。すぐにうまくいくとは限りませんが、諦めず自分を大切にしていけば、必ず周りの人からも大事にされる自分になれます。

多くの人は、知らず知らずのうちに「自信」と「安心」を当然のものとして手にしています。もしかしたら空気と同じで、手にしていることに気付いていないかもしれませんが。でもそれは決して当然のことではありません。周りの人達があなたを大切に慈しんでくれた結果です。どうぞ感謝の気持ちを忘れないで下さいね。そしてこれからはあなたが、周りにいる小さな大切な人に「自信」や「安心」が持てるような手助けをしてあげて下さい。小さい人は、小さくてかわいいうちに、うんとかわいがってあげて下さい。先に述べたように、甘やかしてばかりではいけませんが。

☞註

1. 多分、正高信男先生です。

2. 子どものそばにいて慈しむのは、必ずしも親でなくて構いません。愛情を持って接することができる大人が必要なのです。

まとめ

❶「おむつはずし」は必要ない！

時期が来れば、子どもは自然にトイレで用を足せるようになる。

大切なのは待つこと。

祖父母や保育士との関係に配慮を。

❷ やるべきときに、やるべきことを

①人にはそれぞれの段階で「やるべきこと」がある。

②「やるべきこと」をとばすことはできない。

③もしとばしてしまったら、後でもっと激しくそれをやらなければならない。

乳幼児期には「たっぷり甘える」「たっぷり遊ぶ」ことが必要。

そのため、突き放しや、行き過ぎた早期教育は望ましくない。

これらは、生きる上の武器である「自信」と「安心」の元になる。

おすすめの本

佐々木正美『子どもへのまなざし』福音館書店、1998年

おむつはずしについては、ここで紹介した考えとは違いますが、他はとても共感できました。このように考えて育児ができれば、親は楽だし、子どもは幸せだろうなと思います。

正高信男さんの本

いろいろありますので、お好みに合わせてどうぞ。

第3章

ライフステージを考える

✦その2✦

1 小学生は

小学生の間に身につけた方が良いのは、どんなことでしょう。一つは、広い意味で学ぶ楽しさを知ること。もう一つは、身の回りの管理ができるようになることです。

小学校が、幼稚園や保育園といったそれまでの環境と一番違うのは、教科の活動を中心として「学び」が主役になることです。これまでにも遊びを中心に育まれてきた好奇心を、さらに教科学習を中心に伸ばしてゆきます。

子どもは本来、学ぶことが大好きです。まだ知らない、わからないことがたくさんあって、それが少しでもわかるようになることは、無条件に楽しいのです。新しいことを知りたい、できることを増やしたいという気持ちは、生き物として当然のことです。生き延びるためのスキルアップにつながるのですから。途上国の子ども達が、学校で見せるきらきらした目は、学ぶことの喜びを思い出させてくれます。学校へ行けない子どもが大勢いますし、学校へ行くのに１時間以上かかる子どもも珍しくありません。学校といっても立派な建物とは限らず、掘っ立て小屋のようであったり、吹きさらしであったりもします。教科書などない中で学ぶのが当たり前の場合もあります。それでも、（もしかしたらそれだからこそ？）多くの子ども達は学校が大好きなのです。

日本の子ども達だって、本当は学ぶことが大好きなはずです。私は大昔の入学前の気持ちを、今も覚えています。買ってもらったランドセルを背負っては、鏡の前に立ちました。学校へ行くのも宿題をするのも楽しみでたまりませんでした。勉強するのはとてもかっこいいことだと思っていました。わが家の二人の子ども達も同じでしたが、入学して１週間で「宿題、めんどくさいー」と言うようになりました。学校へ行くのが当たり前になっている私達は、学べることの幸せを忘れがちなのかもしれませんね。もったいない話ですが。

小学生の間に、できれば学習習慣は身につけておきたいところです。宿題は必ずやるとか、１日１度は机の前に座り、わからないところを残さないようにするとか。授業の内容がわからなくなると、どうしても勉強に身が入らず、授業だけでなく、学校の活動が苦痛になってしまうことがあります。学習面の遅れが、ときに生活の乱れを引き起こしてしまう場合もあるので、注意が必要です。わからないことが少ないうちに手を打てれば、問題は解決しやすいのですが、わからないことが増えると、どうでも良くなってしまいます。

学校での学習内容が理解できると、達成感がありますし、さらに他のことも見たり、学んだりしたくなります。世の中には、楽しいことやわからないことがたくさんありますから。学ぶことで、外部とのより良い付き合い方を知ってゆくことになるのです。「人間、死ぬまで勉強だ」と言われる方があります。その通りだと思います。より良く生きる、内面を磨くことには、終わりがありません。また、ずっとわくわくする気持ちや好奇心を失わずに年を重ねてゆけたら、とても楽しいだろうと思います。

世の中との幸せな付き合いの基本を、小学生の時期に身につけられたらこれは一生ものの財産です。逆に学ぶことの楽しさを理解できないまま、中学や高校に進むのは、本人も苦痛ですし、それが無気力につながれば、社会の損失になります。人の能力は、もちろん学力に限定されるものではありません。しかし、学力が充分でないために学校生活がつまらなくなり、自信や他の能力を磨く機会まで失ってしまったら、本当にもったいないと思います。

自分のことは自分でするといった、生活の基本もこの時期までに、身につけておきたいものです。家事の分担もできれば理想的ですが、そこまでいかなくても、食事がすんだら食器を片づける、洗濯物は洗濯籠に入れる。いろいろなものを放り出したままにして、家族の仕事を増やさないといったことは、共同生活のルールだと思います。

何度言われてもなかなか習慣にならない子どももいますが、根気強く指導することが必要でしょう。（私もしょっちゅうぶち切れながら頑張っています……。）生活する上での技術を磨くことは、独り立ちのための準備として必要です。それぞれの段階でスキルアップしていけたらいいですね。

子育てのゴールは、子どもを独り立ちさせることです。（そしてそのための大切なルールが「待つこと」です！）だから、人に頼らず生活できる最低限の技術を身につけることは、本当はもっと大切にされるべきだと私は考えています。主に家庭科で教えられている分野ですね。

たとえば、身の回りの整理整頓は、性格によって難しい場合もあるようですが、周りの大人が根気強く導いてやる必要があるでしょう。小さいうちは管理すべき物の数も種類も限られています。その段階で整理の基本をたたき込んでおけば、物の種類や数が増えていっても、試行錯誤しながら対処していけるのです。しかし、自分でやる方が早いからと、いつも周りの大人が手を出してしまったら、子どもはいつまでも自分で片づけられるようにはなりません。

整理整頓ができないと見た目に不快なだけでなく、生活する上で不便です。探し物に使う時間がもったいないし、面倒だからとあるはずの物をまた買えば、お金がもったいない。さらに物が増えるので、片づけは面倒になるばかりです。仕事場がこのような状態なら、はかどるはずがありません。必要な書類がなくなれば、あちこちに迷惑をかけることになってしまいます。

また、物を整理することは、実は情報や感情の整理とも結びついています。かつての教え子に、見た目はとても明るく元気な女子学生がいました。周りに人なつこく話しかけ、ゼミを盛り上げてくれました。ところが本人の言うところによれば、彼女は「片づけられない人」でした。当時1年生でしたが、それまで一度も部屋の掃除を自分でしたことがないと言うのです。「いっぺんには無理でも、卒業するまでには自分で掃除できるようになりや」と、軽く言っておきました。1年生のゼミは無事に終わりましたが、それからしばらくして、彼女は大学を辞めました。彼女と親しかった人達によると、いつからか大学に来なくなり結局退学することになったというのです。

何の力にもなってやれなかったことを、今も苦い思いで振り返ります。元気に、できれば楽しく生活していたらいいなと願っています。彼女がどうだというわけではありません。残念ながら事情がよくわからないので、コメントすることができません。しかし、身の回りのものと付き合うことは、外の世界と自分に折り合いをつけることです。私達は実は物を整理することを通して、自分の感情や情報を整理しているのだなと、時々実感します。

物との付き合い、整理整頓ばかりではありません。生活の技術は、ないよりある方が実用的だし楽しいです。できれば学習面ばかりではなく、生活の技術を磨く手助けをしていけたら、子どもの暮らしも大人の暮らしもさらに豊かになると思います。早寝早起きといった、生き物として望ましい習慣づけは、一緒に努力することで大人の健康にも結びつきそうです。

小学生の生活で、気をつけた方が良いのはどんなことでしょう。できればこの時期、過酷な課外活動はない方が良いと思います。具体的には、塾やスポーツクラブ、習い事等でスケジュールがいっぱいといった状況は、子どもには辛いです。時間的な余裕、精神的な余裕が、子どもには（もちろん大人にも）必要です。一見無駄と思えるような活動や時間の使い方のうちに、子ども達の成長のきっかけが潜んでいますので。できれば週の半分くらいは、子ども達が自由に時間を使えるスケジュールであれば理想的です。個人差はありますが、ほぼ自由時間がないようなスケジュールを続けていると、やがて燃え尽きの症状が出てくるケースは、まれではありません。

もっとも先にも述べましたが、このような場合、早く症状が出てくる方が回復も早くなります。症状が出ている間は、子どもも周りの大人も辛いですが、回復を信じてじっくり待ちましょう。それをきっかけに、子どもの時間についてよく考えられるようになれば、「雨降って地固まる」の通り、より良い成長に結びつけることができるでしょう。大人も子どもも心にゆとりを持って、いろいろなことに興味を持ち、生き物として健全な習慣が定着すれば理想的です。

また、できれば小学生の間は、よく話を聞いてやって欲しいなと思います。以前は「よく話をすること」と言っていましたが、それだとついつい大人ばかりが話してしまいます。大切なのは、子ども達の話を聞いてやることなのです。きちんと座りお茶でも飲みながら、でなくていいのです。お料理をしながら、洗濯物をたたみながらで構いません。でも、「忙しいから後で」とはなるべく言わないでいただけたらと思います。忙しい大人は「後で」をつい忘れてしまいます。それが続くと子どもは「どうせ聞いてもらえない」と話さなくなります。

とりとめのないおしゃべりが、どれほど心を解放してくれるでしょう。今日あったこと、好きな遊び、腹が立ったことなど、話題はいくらでもあります。さえぎられなければいつまでも話していたい子どもも少なくないはずです。大人は楽しく聞いてやればいい。アドバイスは特に必要ではありません。必要なのは、話を、自分を受け止めてくれる存在です。

話を聞いてもらって育った子どもは、感情のコントロールが上手になります。話しながら、自分の気持ちを整理する方法を自然に学んでゆくからです。この関係ができていれば、反抗期にも、何を考えているのか全くわからないということにはなりにくいでしょう。また、不安定になりがちで自分をもてあましてしまう思春期の困難が、多少ですがやり過ごしやすくなります。自分の気持ちを言葉にできることは、実は強い武器なのです。この部分については、後で詳しく述べることにします。

2 青年期

以前、中学生から高校生の年齢を想定して話していた内容は、最近20代まで広げて考える必要があると思うようになりました。ここでいう青年期は、ほぼ中学生から20代全体をカバーする、ちょっと長めの時期です。

この時期に必要なのは、自分の生き方の方向を見つけることと、できれば異性としっかり関わっておくことです。

生き方の方向を見つけるとは、職業生活の準備です。何を仕事にするのか、そのためにどんな準備が必要なのか。生き物としての人間は現在、何らかの仕事を通じて、食べ物を手に入れます。だから自分の得意技を探して、それを磨くことが必要です。人助けが好きなのか、物を作るのが好きなのか、表現することが得意なのか、等。これらは、中学生、高校生のうちにできれば大筋を見極めておきたいところです。

好きなことや得意なことを見つけ、何となくで良いから進みたい方向が見えていれば上出来です。将来の方向とは直接結びつかないかもしれないけれど、何かに熱中することができたら、それも素敵な体験です。大人達の目には価値がわからなくても（もしかしたら、熱中している本人もその意味に気付かなくても）、あることに熱意をもって取り組んでいるうちに、いろいろな力が蓄えられているものです。

よくわからないなら、とりあえずの進学や就職でも構わないと思います。ただ進学するにせよ就職するにせよ、その進路が少しで良いから気に入ったところを備えていれば、理想的です。仕方なく選んだ道であっても、好きになれるところがある方が努力しやすいですから。そのために、偏差値はあくまで参考にとどめておいてもらえたら、と思います。今はそれほどでもないでしょうが、かつて文系で成績の良い人は法学部へ、理系で成績の良い人は医学部へ、といった風潮がありました。そうした選び方が幸いだった人もあるでしょうが、つい流されて進路を決めたものの、なじめずに苦労した人も少なからずありました。好きになれそうなところがあるか、面白そうだと思えるか。これは進路選びで大切にしたい、判断基準の一つです。

よく考えて、もしくは何となく選んだ進路が大学だった皆さんの話を先に進めましょう。(註1) 皆さんはそれぞれの大学で学生として生活しているわけですが、100パーセント満足、と言い切れる人はそれほど多くないことを知っておかれる方が良いでしょう。何でもそうですが、大学生活も全てが自分の思い通りになるわけではありません。どうしても我慢できないなら、新たな進路を選び直すこともあっていいかもしれませんが、一般論としては曲がりなりにも選んだ大学が楽しくなるように、自分から働きかける方が得策です。積極的に声をかけて、気の合う人を見つける。講義や演習に積極的に取り組み、研究内容を深めてみる。学内の施設（図書館や体育施設など）を、元を取る気持ちで使い倒す。街の人達と親しくなると、思わぬ情報が飛び込んでくることもあるでしょう。

よく言われることですが、大学は可能性を広げる場です。興味や関心の近い人と出会えるチャンスがたくさんあるし、全国から（海外からの留学生もいますね）集まった、これまで出会ったことのないタイプの人と知り合うことだってできます。これまでの学校生活と比べると時間の自由度が高いので、新しいことに挑戦する人も多いでしょう。アルバイトで学費を稼ぎながら、勉強と両立させる人もいます。どの人も（ときに周りがうらやましくなることもあるでしょうが）、それぞれの生活の中から多くを学び取っていきます。生きていくどのステップでもそうですが、大学生活も楽しんだ者勝ちです。自分の環境をめいっぱい使って、どん欲に賢く大きくなってもらいたいと思います。実はそれが、就職活動に大いに役立つ技でもあるのです。

就職活動と言っても、まだ皆さんには実感がないかもしれませんが、大学生活の中では大きなイベントの一つです。また後から振り返ったとき、重要なターニングポイントの一つになっていることは間違いありません。就職活動をする上で、以前はよく適性を考えるよう言われたものでした。

しかし当然ですが、どんな仕事にも様々な要素があり、何か一つができれば良いというものでもありません。これまで自分と同世代、年長の先輩方、自分より若い人達、いろいろな世代の多くの人を見てきてつくづく学んだのは、「自分に合う仕事」を探すより「仕事を通じて自分を鍛える」方が、ずっと能率が良いということです。

いろいろな経験を積んできたとはいえ、皆さんはせいぜい20年前後しか過ごしていません。実際のところ、自分のことはいくら「分析」してもよくわからない、という人が多いのではないでしょうか。若い人には（若い人だけではありません）未知の可能性が、まだたくさん埋もれているからです。

好きなことや得意なことが早くからはっきりわかっていて、それを磨く努力をしている人は、とても幸せな人です。大いに努力して、花を咲かせていただきたいと思います。しかし大多数の人は、自分に何ができるのか、何が好きなのか、よくわからないというのが本音です。それでいいのです。ほとんどの人は、意欲さえあれば、実に多くの種類の業務をこなすことができる力を持っています。かつて想像したこともないような仕事で、自分の能力を発揮している先輩方の何と多いことでしょう。

現在の日本には、驚くほどたくさんの仕事があります。会社だけに限っても本当にたくさんの業界があり、業務も多彩です。その中で自分にとってベストの会社や仕事を一つだけ見つけるなど、限りなく不可能に近いとは思いませんか。もし仮に自分にとってベストな会社だと思っても、必ず採用されるとは限りませんし。では、どうすれば良いのでしょう。乱暴な言い方をするなら「成り行き任せ」です。これはしかし、努力しなくていいということではありません。

会社に入って働きたいと思うなら、企業研究も自己分析ももちろん必要です。本当の意味での自己分析は一生の課題かもしれませんが、提出書類のための自己分析は、とりあえず考えてみて修正を繰り返せばいいのです。あえて言いますが「嘘も方便」ということもあるでしょう。しかしそれを付け焼き刃、一夜漬けで済ますのではなく、できればなるべく早い時期から考えておいた方が良いでしょう。

ネットサーフィンのついでに、ちょっといいなと思う会社のホームページを丁寧に見るとか、家族や友達に、自分の良いところ、直した方が良いところを聞いてみる。雑談のついでに、家族に仕事について聞いてみるのも、大切な準備になります。毎日の生活の全てが準備ということもできるのです。

大学での学び、サークル活動、学外の活動やアルバイト、ボランティア。皆さんはいろいろな活動に参加していることと思います。その時々に、少し余分に頭を使うことで、就職活動の時期にあわてなくて済みますよ。たとえばアルバイトだと、時給が同じなら、なるべく無難に時間を過ごしたいという人もあるだろうと思います。でも実は、これはとても損な考え方です。アルバイトの目的はもちろんお金を手にすることでしょうが、同じ時間を過ごすなら、その中で賢くなればさらに効果的です。どれだけ気持ち良い応対ができるか、どれだけ正確に業務をこなせるか、等自分でテーマを決めて取り組むと、時給以上に成長した自分に出会えます。

もちろん、すぐに成果が上がるわけではないし、疲れていてどうも積極的になれない日もあるでしょう。しかし、毎日ほんの小さな努力を続けていけば、それがやがて大きな力になります。無理はしなくて良いけれど、ほんの少しだけ頑張ってみる。しんどいときに笑ってみるとか、挨拶してくれた人にはきちんと返すとか、そういうレベルで。それがやがて、辛いことがあってもくじけない強さや、誰とでも気持ちよく話ができる社交性につながってゆくのです。

私達は急には変われません。でも少しずつ成長することはできます。後戻りするときもあるでしょうが、成長したい、良い方に変わりたい気持ちがあれば、いくつになっても変わっていくことができるのです。その訓練はできれば若いうちから続けている方が、もちろん有利です。

会社に入るための就職活動は、まさに社会に出るための準備です。会うための約束を取り付けることから始まり、初めての人と話し、多くの人に出会う。考えてもいなかったことが起こったら、どうにか対処する。失敗したら、迷惑をかけた範囲を考えて謝る。これらには全て、これまでの経験が物を言います。就職活動で問われているのは、これまで築いてきた丸ごとの自分です。一緒に仕事をしたい人物なのかどうかが見られるわけです。

しかし当然ですが、人間同士のことですから相性もあります。就職活動がうまくいかないと、自分という人間を否定されたようで辛いものですが、一つ行きたいなと思えるところから内定を取れれば、それで良いのです。

いろいろな学生さんを見てきて、つくづく「巡り合わせ」があるなと実感しています。「なんでこんないい人がなかなか内定を取れないのだろう」と思っていたら、思ってもいなかった会社の求人が遅い時期に出て、そこに決まったとか、ちょっと違和感があるなと思っていたら、就職してからも勉強を重ね、教員採用試験に合格したといった例は、実はたくさんあります。精一杯努力していれば、落ち着くべき所に行き着くようになっているのだと思います。「科学的」とは言えないかもしれないけれど。私が「成り行き任せ」というのは、「巡り合わせ（運とも言えますね）」も上手に使おうというぐらいのことです。

就職活動については、それだけで１冊の本になりそうなぐらい言いたいことがありますが、今日はこのぐらいにして、異性の話を。

「異性との付き合い」も、実は皆さんにとってとても大切な課題です。生き物としては、子孫を残す、できれば増やすことが大切なテーマだからです。つまり「結婚」が達成するべき課題の一つとされる（あくまで「生き物としては」です）わけですが、そのための準備期間にしっかり学んでおく必要があるのです。これまで多くの人にとって、異性とのお付き合いはあくまで楽しみであって、「しなければならないこと」とは思わなかったでしょう。むしろ勉強や好きなことの邪魔になると考えて、踏み出せなかった人も多いでしょうね。周囲の大人には、何となく隠しておきたい気持ちもあったかもしれません。

野生の生き物にとって良い異性とは、良い子孫を残すのに役に立つ異性です。ですからどの個体が見ても良いものは良いし、良くないものは良くない。良いとされる尺度が皆に共通なのです。でも人間は違います。あなたの好きなタイプと隣の人が好きなタイプは、多分違います。みんなに好かれる人は、実は誰からも選ばれないといったこともありますし。だから面白いし、良いのです。もしも皆の価値観が一つだったら、序列がはっきりできてしまい、ごくわずかの勝者と大多数の敗者になってしまいます。人間の好みはバラバラだから面白いのです。

面白いのですが、その分学習が必要になります。自分はどのようなタイプが好きなのか。どうしたらそのタイプと親しくなれるのか。相手は何をしたら喜び、何をしたら怒るのか。長続きさせるためにはどのような工夫が必要なのか。これらはある程度、一般論からも学べますが、結局は体験から学ぶしかありません。若くて気力のあるうちに、たくさん失敗をしつつ学んでいただきたいと思います。

中学生や高校生は、多くの場合、異性が気になって仕方がないものです。生き物として、気にするべき時期だからです。このときにしっかり異性と関わっておくこと、アプローチから始まり、相手と向き合い、けんかなども経てお互いに理解を深める努力は、大いに成長に必要なことです。少し気恥ずかしいですが、本気で恋をすると（結果として）人間は大いに賢くなるのです。

本気で恋をしたことのある人は思い当たるでしょうが、誰かを本気で好きになると、自分が愚かになった気がするものです。その人のことばかりが気になる。その人の好きなものを好きになろうとする。その人の行きそうなところで待ち伏せをしてみる。まるでストーカーみたいと思いながら、つい近くに行きたくなってしまう。何をしていても、その人の顔がちらちらする。一緒に歩くとどんな感じかな、等とぼーっと空想にふけってしまう。みんな、とても真っ当な反応です。

こういう熱に浮かされた、自分が自分でないような状態は、軽いものなら気持ちが良いとも言えますが、症状が重くなると逃げ出したいような息苦しいような気持ちになります。人によっては受験や好きなことの妨げになるからと、恋をすることに罪悪感を持つ場合もあります。でもこれも成長の上での大切なステップです。どっぷりと悩み、いろいろと考え、その上で日常生活との折り合いをつけていけばいいのです。

この時期にこうしたことをとばしてしまうとどうなるか。とばすことはできないし、とばしてしまったら後でもっと激しくそれをやらねばならなくなるのでした。とばしてしまった結果が、たとえば過激な追っかけであったり、不倫であったりするのです。若いときにはお金も時間も充分ではありません。ですから好きなタレントさんがあっても、多くのファンはたまにコンサートに行ったりグッズを買ったりという程度で、生活に支障をきたすことはまれです。他にも面白いことがたくさんありますし。ところが、その時期を過ぎてしまった人はお金も時間も自由にできる幅が大きくなりますから、たとえば韓流スターを追って韓国まで行ってしまったり、驚くような金額をつぎ込んでしまったりするのです。

不倫もそうです。「いけない」ことをしているというだけで、気持ちは燃え上がってしまうものですから、充分な恋愛経験のない人にとっては、「これこそ運命の人」という錯覚が起こりやすいのです。若いうちの恋愛とは違い、特に結婚している人がパートナー以外の人と恋愛関係になってしまうと、周囲も巻き込み、いろいろな問題を起こしてしまいます。若いときに経験することのなかったときめきを取り戻そうというには、代償が大きすぎるので、あまりお勧めしたくありません。

あくまで一般論ですが、若いうちに自分を見失いそうなどっぷりとした恋愛をし、それなりの経験を積んできた人の方が、（結婚という形であってもなくても）パートナーと上手に関係を続けていけるようです。本気で恋をすることで、人間は男女とも、多くを学び磨かれていくのです。

何度か経験を重ねていくうちに、自分の好みや癖がわかってきます。どうもいつも同じタイプを好きになっては同じような理由で別れているな、などということです。これを学ぶのが大切なのです。自分はどんなタイプの人といると楽なのか、お互い自然でいられるのかを、いろいろと試してみて下さいね。30歳を過ぎても、自分は男運（女運）が悪いと嘆く人がありますが、これはとても残念なことです。その年になると、もう「運」では片づけられません。まだ学習が足りないのです。恋愛は勉強や仕事の「おまけ」ではないし、ただの「お楽しみ」ではありません。あえて言いますが、生きる上で最も重要なテーマの一つです。できれば今のうちに、しっかり修行を積んでいただきたいと思います。

なお、恋愛の対象は必ずしも異性とは限りません。同性を好きになることもあります。それはおかしなことではありません。相手を好きになり、仲良くなりたいと思い、気持ちを伝えたいと願う。相手の幸せを願い、ときには一つになりたいと思う。

いろいろな感情に驚き、何とか手なずけ、相手と良好な関係を築いていくのは、対象が同性でも異性でも、あなたを磨いてくれる、とても素敵な体験です。どうか、こわがらないでくださいね。

また、恋愛や性のあり方に、様々なかたちがあることを少しずつ知っていただけたらと思います。自分とは違う考え方や好みを笑ったり、馬鹿にしたりするのではなく、そんなこともあるんだと素直に認めることができれば、あなた自身の世界も豊かになります。恋をしてセックスを楽しむことは、とても人間的な幸せですが、それが周りとずれているからと辛い思いをする人が減っていくといいなと思います。

愛や性のあり方は人それぞれ。自分の好みやあり方を素直に認め、自分と相手を慈しむことができれば幸せですね。

皆さんはとても楽しく、またしんどい時期にいます。大いに悩んで、失敗して下さい。それが全て力になりますから。仕事に「自分探し」はいりません。探さなくても「本当の自分」は、今そこにいるでしょう。嫌なところ、弱いところを抱えて途方に暮れているかもしれない、でもどうにかしたいと考えて、踏み出そうともがいている。それでいいのです。生活するため、真っ当な手段でお金を稼ぐ。仕事にそれ以上の意味を、今探す必要はありません。

ここまでが何とかこなせたら、あとは大丈夫です。子育ての時期や、してきたことの総まとめをする時期などもやってきますが、それぞれの時期に必要なことはきちんと学んでいけるでしょう。

多くのページを使ってこんな話をしたのは、人の批判をして欲しいからではありません。あの人があんな風なのは、あの時期にあの課題ができていなかったからだとか、私がこんなに不幸なのは、親がああしてくれなかったからだとか。そうではなく、いつでも気付いたときからやり直せることが、人間として生まれた幸せだと知って欲しいからです。野生の生き物は、やるべきときにやるべきことができないとそれは死に直結します。やり直しはほとんど不可能です。でも人間は違います。

多少の困難はあるでしょうが、気付いたときが再出発に最適の時期なのです。良く生きるために、遅すぎるということはありません。やり直す自分や大切な人を、温かく根気強く見守っていただけたらと願います。

ここまでのことが、なかなか良い具合に進んできているという人がいらしたら、どうぞ周りであなたを大切にして下さった方に、感謝の気持ちを忘れないで下さい。そして今度はあなたが、誰か大切な人の力になってあげて下さいね。幸せな人には、それなりの責任があります。周りの人のお陰で今のあなたがあるのですから、今度は誰かの幸運の手助けをするのも悪くないでしょう。大切にされて幸せな人が、周りのために少しずつ力を使う。社会を良い方向に動かす力は、結局一人一人のちょっとした行いの積み重ねで生まれてくるのですから。

☞註
1.「なんとなく」進路を選ぶのは、決して悪いことではありません。

まとめ

❶ 小学生は

この時期に必要なのは、広い意味で学ぶ楽しさを知ること。
もう一つは、身の回りの管理ができるようになること。
できれば、過酷な課外活動はしない方が良い。
周りの大人は、よく話を聞いてやって欲しい。

❷ 青年期

この時期の課題は、自分の生き方の方向を見つけることと、異性としっかり関わっておくこと。

毎日の暮らしで意識的に行動することが、実は職業生活の準備になる。

恋愛は、生きる上で大切なテーマの一つであり、やはり学習が大切。

人間はいつからでもやり直せる。気付いたときが、一番良い時期。

おすすめの本

武田建『やる気を育てる子育てコーチング』創元社、2010年

アメリカンフットボールに興味がある人なら、この先生の名前はよくご存知のはずです。関西学院の大学、高校のチームを何度も日本一に導いた伝説の監督です。子どものやる気を引き出し、親子共に楽しく成長する秘訣が、温かくわかりやすく書かれています。10年早くこの本を読んでいたら、とちょっと悔しいのですが、広く応用できる知恵ですので、若い皆さんには強くおすすめします。

第 4 章 ことばが世界を作る

この章は、もしかしたらこの本の中で一番難しいかもしれません。世界の感じ方や、イメージ、ことばなど手で触れることのできないものが話題になっていますので。タイトルだって、よくわかりませんよね。タイトルの謎は、最後まで読んでいただくとわかります。私もわかりやすく伝える努力はしますが、皆さんもゆっくりで良いですから、しっかりついてきて下さいね。

1 世界の違いは○○の違い

野生の動物は、実は私達と全く別の世界に暮らしているようです。突然、こんな言い方をされてもよくわかりませんね。まず、交尾を終えたダニのメスの様子がどんなものか、ちょっとのぞいてみましょう。

交尾を終えたダニのメスは、明るい方を目指して木の枝を上の方まで登っていきます。ダニは全身で明るさを感じることができるのだそうです。そこで哺乳類が通るのをじっと待ちます。哺乳類が通るのがどうしてわかるかといえば、ダニは酪酸の匂いに反応するからです。一般の人はかぎ分けることができませんが、哺乳類は皆酪酸の匂いをさせているようです。そして哺乳類が通ると下に落ちます。そこが暖かければ、動物の上だということで血を吸うわけです。めいっぱい、体の大きさが変わるくらい血を吸ったら下に落ち、卵を産んで死にます。

ここで話題にしている小さなダニには、私達のような視覚や聴覚はありません。色鮮やかな世界は見えないし、きれいな音楽も聞こえません。交尾を終えても、気持ちよかったとか疲れたとか感じないし、好みのタイプでなければ血を吸いたくないとも思いません。

ダニのメスは、交尾を終えれば明るい方へ行くようにインプットされています。えさにありつける確率が高いからです。酪酸に反応して落ちるように、これもインプットされています。哺乳類の血は栄養価が高いからでしょう。ダニの行動は全て、あらかじめインプットされたもので、自ら考えて行動する自由はありません。また、そのような自由は必要ではありません。野生の生き物にとって何より大切なのは、生き延びて子孫を増やすことです。そのためには本能に従うのが一番確実です。本能は長い時間をかけて、生き延び子孫を増やすための戦略を磨いてきたからです。

春から夏にかけてモンシロチョウがひらひら飛んでいるのを目

にします。私達人間の目には、どれも白く見えますが、彼ら自身には、違った見え方がされているようです。モンシロチョウは、紫外線が見えるらしいのです。モンシロチョウの羽はオスとメスで、紫外線の反射の仕方が違うようにできていて、人間の見え方に翻訳すれば、オスが青緑、メスが紫という感じに見えているといいます。ですから、彼らにはお互いの性が一目でわかります。オスはメスと交尾をするため、努力をしているのです。複数のモンシロチョウがたわむれて飛んでいるように見えるのを、私達は勝手に楽しそうだなとイメージしたりしますが、実はメスをめぐって壮絶に闘っているのかもしれないし、縄張り争いかもしれないわけです。

子ども達の大好きなトカゲは、葉っぱのかさこそする音に敏感に反応し、大変な早さで逃げますが、近くでピストルを撃たれても反応しないそうです。トカゲに向けてわざわざピストルを撃つような人はそれほど多くないので、トカゲにとってピストルの音はまだ「危険な音」とインプットされていないのです。

皆さんの中にも家で犬と仲良く暮らしているという人がいらっしゃいますね。ご存知の方も多いでしょうが、犬は私達のようには目が見えません。かなり強い近視で、ぼんやりとしか見えていないのだといいます。けれども、彼らの耳と鼻は私達よりずっと優れています。私達が色鮮やかな世界に住んでいるとしたら、彼ら犬達は、豊かな音と匂いの世界に住んでいるというわけです。彼らは私達を、歩く音や声の調子や体臭などで、判断しているのでしょう。

動物によって感覚器（目や耳や皮膚など、ものを感じるところのことです）のあり方が違いますから、世界の感じ方が違ってきます。私達人間の感じ方と、犬達の感じ方は違います。同じ時間と場所を共有していても、見えるもの聞こえるもの感じられるものが違うのです。住んでいる世界が違うとはこういうことです。タイトル「世界の違いは○○の違い」の○○は、もうおわかりですね。「感覚器」です。私達は、持っている感覚器の違いで、住んでいる世界が違ってくるのです。

人間同士でもたとえば、目の見えない人は、耳や皮膚感覚が目の見える人よりもずっと鋭くなるといいます。ある感覚が損なわれると、他の感覚で補おうとする働きがあるからです。そうであるなら、目の見えない人は確かに視覚的には「暗い」世界の住人なのでしょうが、音やそれ以外の感覚については、目の見える人よりも豊かな世界に住んでいると考えられます。

2 人間は世界を作り替えてきた

今、私達は地球が丸いこと、ほぼ1日に一回りで地球が自転していることを知っています。これは常識です。私達は実際にものすごい早さで回る地球の上で生活しているのですが、地球の自転を実感することも、地球の丸さを実感することもありませんね。かつて地球は真っ平らでした。大昔の人達は、大地は大きなお盆のようで、世界の果ては、海の水が落ち込む滝のようになっていると信じていました。地平線や水平線の見えるところに行くと嬉しくなって「確かに地球は丸いな」と思いますが、あれも実は錯覚で、人間の目の届く範囲で地球の丸さを確認することはできないそうです。地球はとても大きいので、視覚的にその丸さを実感するためには、人工衛星並みの高度が必要なのだということです。

では、知恵ある人達はどこから地球が丸いことに気付いたのでしょう。月食のときに映る地球の影が丸いことや、遠くから近づく船が、まずマストの先のように高いところから見えてくることなどがきっかけだと考えられます。フーコーは大きな振り子を用意して、地球の自転を証明して見せました。理科の教科書にありましたね。これらの事実から人々は、私達の大地が大きな平面ではなく、実は丸い形でしかも自転、公転していることに、だんだん気付いていったのです。

自分達が宇宙の中心で、太陽などが自分達の周りを回っていると考えていたときと、世界の成り立ちはがらっと変わりました。地球が丸いなら、どんどん進んでいけばやがて出発したところに戻ってくることができるはずです。大航海時代はこのような考えから始まりました。海の向こうから様々な資源や情報を持ち帰り、豊かになる人々が出てきました。やがて、人や物が広い範囲で、行き来するようになっていきます。

人間は、他にもいろいろなものを発見してきました。たとえば太陽の光に、目には見えない赤外線や紫外線があることを見つけました。雨上がりの大きな虹、シャワーを使ったときの小さな虹、ガラス等を通過して見えるスペクトル。これらから、光がいくつかの色に分かれることを人は知りました。（註1）さらに、目には見えないけれど、熱を持つ赤外線、色あせを起こしたり殺菌等の力を持つ紫外線を見つけました。これらの発見は、生活をどんどん便利にしていきます。

他の野生動物とは違う人間の特徴は、見えないものでも想像できることにあります。見えないけれど、こういう力を持つものがあるはずだと推理できます。また「今ここ」にないもの、どこにもないものを想像することもできます。こんな働きができる機械があればいいなというふうに。科学技術の進歩は、その積み重ねです。あったら便利だろうが、難しいだろうというものを、人は次々に実現してきました。困難を一歩一歩克服してきて、現在の便利な生活があるのです。

今は夜も明るくて、自分の家で好きなときに好きな音楽や映画を楽しむことができます。たとえば電子レンジで温めるだけで、おいしい食事を用意することもできるし、デザートにアイスクリームだって食べられます。飛行機に乗ってしまえば、１日で随分遠い国にでも行けてしまいます。私達が当たり前のように楽しんでいる暮らしは、かつての王侯貴族よりもはるかに贅沢です。一流のオーケストラや、アーティストを、気分に合わせていつでも呼び出せますし、かつてとは比べものにならないぐらい安く、世界中からおいしいものを集めることもできています。大量生産のアイスクリームのおいしさには、たとえば300年前の王様だって驚くでしょう。海外旅行ももう特別なものではありません。

3 ことばの役割

このような便利な暮らしをもたらす科学の進歩には、ことばとイメージの力が働いています。「今ここ」にはないものについて考えたり、伝えたりする力です。この力を持つことで人間は、本能に支配され、与えられた世界で生きる野生動物とは全く違う生活をするようになったのだと思います。

ことばの役割といえば、多くの人がまず思い浮かべるのは、コミュニケーションでしょう。情報をことばに載せて伝える。今は科学技術の発達により、地球の裏側にいる人とでも、簡単にやりとりができます。ことばは工夫して記録されるようになりましたから、私達は、過去のことばを読み解くこともできるし、未来に向けてことばを残しておくこともできます。「今ここ」にはいない過去や未来の人々との、時を超えたコミュニケーションが可能になったのです。

また、忘れられがちなことですが、私達は自分自身ともコミュニケーションを取っています。ものを考えることがそうです。お腹がすいたとか、帰ったらあれをやらなきゃとか、ちょっとしたアイディアも実はほとんどがことばを通してできています。ことばがなければ、私達は考えることができません。(註2) 信じられないかもしれませんね。ことばを使わずに考えることができるかどうか、良かったら試してみて下さい。普段そのありがたさを実感することがほとんどないという点で、ことばと空気はよく似ています。どちらもあまりに身近で、あるということを特に意識しない、なかったらどうなるか想像しにくいものです。

ものを考える道具でもあることばには「恣意性《しいせい》」があります。なじみのないことばが出てきましたね。「恣意性」とは「思いのままにする、自由にする性質」ということです。ことばは乱暴な言い方をすれば、それぞれの地域、それぞれの時代で「好き勝手」に設定されてきました。好き勝手に変化させることができるからこそ、新しい事態にも対応できるのです。

もしことばに必然性があったら（「必然性」とは必ずそうなるべき性質で、「恣意性」と対立する概念です）、ことばは世界中で共通なはずです。そうなれば外国語で苦労することはなくなります。しかし「必然性」があるということは、あらかじめインプットされている限られた範囲では有効ですが、新たな事態、予測しなかったようなことに対しては、ことばを当てはめることができなくなってしまいます。

日本語で「犬」と呼ばれる生き物は、英語では‘dog’ドイツ語では‘Hund’（ダックスフントのフントです）と呼ばれています。これらはどれもあまり似ていません。犬と呼ばれる生き物が、それぞれの名前で呼ばれなければならない、それ以外の名前ではいけない理由はありません。自然界にあるものとことばに、他のものには置き換えられない必然性はないのです。

これは大変面倒なことのように見えます。しかし、この「恣意性」のお陰で、私達は新たなことばを生み出すことができます。新たなことばを生み出すと、表現できることが増えます。表現できる範囲が増えるということは、可能性や世界が広がることでもあるのです。ことばに「恣意性」があるために、外国語や古い時代のことばを理解する努力が必要になるわけですが、ことばのあり方を眺めることで、時代や社会のあり方を分析したり考えたりすることもできます。なぜならことばの使われ方は、その社会のものの見方や考え方を反映しているからです。

日本語は自然を表す表現が豊かだと言われてきました。たとえば「雨」を表すことばは、時期や降り方の違いで幾通りもありますね。季節によって、「春雨」「菜種梅雨」「五月雨《さみだれ》」「梅雨」「夕立」「秋雨」「氷雨《ひさめ》」などが降ります。降り方の区別としては「霧雨」「こぬか雨」「時雨《しぐれ》」「にわか雨」「村雨」「涙雨」「通り雨」「大雨」などがあります。「春雨」「梅雨」「にわか雨」「大雨」などは、今も比較的よく使われますね。麦が熟する頃に降る「麦雨《ばくう》」、新緑の頃に降る「緑雨《りょくう》」、草木を育てる「甘雨《かんう》」、穀物を育てるめでたい「瑞雨《ずいう》」などの言い方は、あまり聞かれなくなりました。農耕が生活に深く根付いていた頃とは、雨の降り方に対する関心が変わってきてしまったからでしょう。

このように、生活と深く関係しているものを表すことばは、種類が多くなります。北極圏の雪や氷の中で生活する人々にとっては、まさに雪や氷の状態を表すことば、白い色を表す語彙が豊富です。砂漠でラクダと共に生活する人々にとっては、ラクダは性別や年齢や種類で区別する必要があるでしょう。ある社会で細かく区別されたり、いろいろな言い方のあるものは、その社会で重要な役割を果たしているものです。人々の関心が高いから、一言で的確に表現できることばが求められ、作られてきたのです。ことばが自然のあり方からは自由だから（ことばに必然性がないから）、こうしたことが可能です。

野生の動物は本能に従い、与えられた世界で生活しています。生き延び、子孫を増やすために大切なことは全て本能にインプットされていますから、自由はない代わりに、ほぼ最善の行動を常に取ることができています。

人間は与えられた世界で生きるだけでなく、「ああなったらいいな」という願いを自分達で叶え、世界を豊かにしてきました。「今ここ」にはないものを、イメージする力を持ったからです。野生の動物と人間は、時間と場所を共有していてもそれぞれ全く違う世界に生きていると言えるでしょう。

人間はことばを使います。そしてことばは恣意性を持っています。自然界のルールに縛られず、好きなようにことばを使うことができるのです。私達はことばを使ってコミュニケーションをとり、ことばを使って考えます。ことばの恣意性のお陰で、人間は「今ここ」にないものについて考える力を持てるようになりました。この章のタイトルは「ことばが世界を作る」ですが、ことばの恣意性のお陰で「今ここ」にないものについて考えるようになり、世界を豊かにしてきたことを覚えておいていただけたらと思います。私達は実は、何でもできる魔法の杖を手にしているのです。

☞註

1. 私達は、虹は7色と考えますが、時代により文化により虹が何色かは違います。たとえば、明るい色と暗い色の2色だとする文化もあります。

2. 罪を犯し、少年院等で処遇されている少年、少女が、なかなか反省できないのも、実はことばのせいではないのかと私は考えます。彼ら彼女らには、充分なことばが育っていない（育てられてこなかった）ために考えることができず、被害者のことを考えてみろと言われてもできないのではないかと思うのです。想像力も実はことばによるところが大きいですから、イメージだけで相手の立場に立ったり、思いやったりすることはできません。ことばを育てるのは、人間性を磨く上でもとても大切なことなのです。

まとめ

❶ 世界の違いは感覚器の違い

野生の動物と人間は、感覚器のあり方が違い、時間と場所を共有していてもそれぞれ違う世界に住んでいる。

野生の動物は、本能に従って生きている。

❷ 人間は世界を作り替えてきた

野生の動物が感覚器をはじめ、与えられた世界で生きているのに対し、人間は世界を広げ、都合の良いように作り替えてきた。これができるのは、「今ここ」にないものをイメージすることができるから。

❸ ことばの役割

ことばは広くコミュニケーションに使われる。離れた場所はもちろん、過去や未来の人とも情報のやりとりができる。

また、ものを考えるためにも必要である。

ことばには恣意性がある。

ことばの恣意性のお陰で、人間は「今ここ」にないものについて考える力が持てるようになった。

おすすめの本

日高敏隆『動物と人間の世界認識――イリュージョンなしに世界は見えない』筑摩書房、2003年

タイトルは難しそうですが、とても読みやすく面白いです。ちくま学芸文庫に入っています。

ユクスキュル（日高敏隆、羽田節子訳）『生物から見た世界』岩波文庫、2005年

感覚器が違うと世界が違うように感じられるのだと、多くの人を驚かせた本です。読んで、びっくりしたり面白がったりして下さい。

第5章

人間らしさとは

第4章で述べましたが、人間は野生の動物とは違い、本能だけに支配されずに生きています。この点を、人間は他の野生生物より優れていると考えることもできますが、自分達の生存を危うくするほど暴走してしまうのですから、人間は困った生き物とも言えますね。

1 多すぎる欲望

さて、人間は本能からはかなり自由です。本能だけに支配されないからです。本能だけに支配されているのなら、何でも生きるのに必要なだけ欲しがるようになっているのですが、人間は違います。人間は必要以上に多くを欲しがりますが、どんなことがあるでしょう。一緒に考えていきましょう。

あまり良い話ではありませんが、人間は必要以上に残酷です。

ヨーロッパの小さな田舎町にも、拷問道具や処刑の道具などを展示する資料館があったりしますが、人間は他人を苦しめるために、実に様々な工夫をしてきました。命を奪うことが目的なら、首を絞めたり、首を切ったりすれば良いようなものですが、それだけではつまらないのでしょうね。よくこんなにと思うぐらい、いろいろな道具があります。

死刑は一般に、町の広場などで公開されてきました。悪いことをするとこうなるから、してはいけないという見せしめの意味もありますが、娯楽としての役割もあるのでしょう。楽しみ、ショーとしての殺人です。否定したくなるかもしれませんが、人間には残酷さを楽しむところがあるようです。(註1)

たとえば、悪名高い魔女狩りで、一旦魔女だとされてしまったら絶対に助かりませんでした。拷問でさんざん苦しめられた上に、火あぶりです。人は神の名の下に、残酷なことをためらいなくできてしまう生き物です。神様のために、魔女(悪魔と手を結んだ者)を罰するのですから、この殺人は正しいのです。正しいことですから、ためらいがありません。神の名を借りて、堂々と残酷さを楽しんでいたとも言えるでしょう。

野生の動物は基本的に、必要以上の殺傷は行いません。楽しみ、娯楽としての殺傷を行う例は、あまり多くありません。縄張り争いをしていても、相手が負けたというポーズを取ると、それ以上は攻撃できなくなります。これを敗者に対する思いやりと考えて感動する人もありますが、それはちょっと違います。彼らはただ本能のプログラムに従っているだけです。相手が負けたというポーズを取ると、攻撃できないようにプログラムされているのです。生き物としては、子孫を増やし、生き延びていく必要があります。仲間同士で無駄に殺し合うと、それだけ種の存続も危なくなります。そのような無駄が起きないよう、プログラムされているというわけです。（註2）

残念ながら人間には、このようなプログラムが充分働いていないように見えます。数が増えすぎたから、それで良いのでしょうか。親が自分の子を虐待したあげく殺してしまうなど、本当に心が痛くなります。

セックスも、人間が必要以上に欲しがるものの一つです。野生の動物にとって、セックスは基本的に子作りです。（註3）でも人間は違います。もちろん、本来の目的、子作りのために実行されるセックスもあります。でも、子どもを望むわけではない「お楽しみ」のセックスの方が多くなりました。子どもは（欲しくないのに）「できちゃった」りするのです。

野生の動物には、原則として発情期があります。春になったら、猫達がさかんに鳴いていますね。あれは、相手を求める声です。どうして発情期があるかといえば、子育てに都合の良い時期に生まれるようプログラムされているからです。生まれたての子どもは、か弱い存在です。その弱い子を連れた親も弱者です。闘うには不利です。弱いものが生き延びるためには、食べ物が豊富にあることが必要です。だから季候の良い春から夏にかけて生まれる生き物が多いのです。でも人間には、特に決まった発情期はありません。1年中いつでも発情しているとも言えます。私達の誕生日は、ほぼまんべんなく1年中に散らばっているでしょう。

人間にとってセックスは、子作りという本来の目的から離れ、快楽、お楽しみになりました。かつては「愛の証」などと過剰に意味づけられていたこともありましたが、一部ではコミュニケーションの一つといった、軽いものになっているようです。

本能に従えば、子どもを作るときにだけ交尾すれば良いのですが、お楽しみとしての役割が大きくなってきたので、様々なファンタジーが生まれます。グラビアや映像、小説や、様々な器具。あれやこれやで、快感を高める工夫をしています。異性間の性的な交わりは、男性器を女性器の中に入れるだけのことです。それをできるだけ楽しく、気持ちよくしたいために、「愛」を語ってみたり、いろいろな仕掛けを施すわけです。人間って、おかしくてかわいいでしょう？

人間が必要以上に欲しがる例として、ものを食べることも挙げられます。本能に従えば、活動に必要なだけ食べればいいし、それ以上欲しくなることはありません。でも私達は違います。お腹いっぱい食べた後でも、おいしそうなデザートが出てくれば「別腹」と言いながら食べてしまいます。私は夜9時以降の食べ物のコマーシャルが苦手です。おいしそう……とつい誘惑に負けそうになるからです。

食べることも生命の維持だけではなく、やはり快楽、お楽しみに結びついています。ですから、強い批判があるにもかかわらず、大食い大会や早食いの競争がコンスタントに行われるのです。また「おいしく」食べるために発展してきたのが、料理です。もともとは、生のままでは食べにくいものに熱を通したら、安全にしかもおいしく食べられるようになったところから始まったのではないかと思いますが、料理も立派な文化になりました。作ること食べることが、生命維持のためだけでなく、お楽しみやコミュニケーションに進化してきたのです。

人間が必要以上に欲しがるものについて、ここでは残酷さ、セックス、食べることを挙げましたが、もっとたくさんありそうです。皆さんも少し考えてみて下さいね。

2 少なすぎる欲望

人間が本能だけに支配されないために、生き物としてはもっと欲しがればいいのに、ということも起こります。代表的なのは、やはり食べることです。野生の生き物にとって、この世の全ては二つに分けることができます。「食べられるもの」と「食べられないもの」の二つです。人間はどうでしょう。さらに「食べられるけれど、食べてはいけないもの」が加わり三つになります。

この「食べられるけれど、食べてはいけないもの」は、時代により文化により様々です。たとえば、ヒンズー教徒は牛を食べません。イスラム教徒は豚を食べません。宗教によっては、肉を食べるときの処理の仕方まで問題になります。正しく処理されたものでなければ、口にしてはいけないのです。

これら「食べられるけれど、食べてはいけないもの」は、ことばのところでも出てきましたが恣意的なものです。乱暴な言い方をすれば、好き勝手に定められたルールです。ヒンズー教徒が牛を食べないのは、牛を聖なる動物だとしているからです。これに対し、イスラム教徒が豚を食べないのは、豚を汚れた動物だと考えたからです。食べてはいけないのは、聖なる動物の場合もあるし、汚れた動物のときもあるのです。豚が汚れた動物とされるのは、理由のないことではありません。豚は、本当に何でも食べます。人の糞尿まで含めて。ですから寄生虫を持つことが多く、適切な飼い方、適切な処理をせずに食べると、病気になることが多かったのでしょう。おいしいけれど、用心せずに口にすると病気になってしまう。そんな豚だから「汚れた生き物」だとしたのでしょう。

「食べられるけれど、食べてはいけないもの」は、ローカルルールです。ある文化の中でだけ、通用するものです。それぞれの文化で勝手に決まりを作り、守るのです。祭りのときだけ、普段は禁じられている食べ物を皆で食べたりもします。

食べることは、生命の維持に直接関係します。ですから、本能の働きが比較的強いはずですが、それでも本能からはずれて命が危険な状態になることもあります。その原因の一つが摂食障害です。摂食障害は、主に若い女性の症状ですが、それ以外の人も無縁というわけではありません。基本的にまじめで向上心の強い人が、摂食障害に陥りやすいとされています。

食べることは生きるために必要ですから、食欲をコントロールするのはとても力のいることです。だからまじめで向上心の強い人でないと難しいのです。それが行き過ぎて、食べたものを意図的に吐くことが習慣になったら、自分の意志で障害を克服することは大変難しくなりますので、この段階の人がもしもいらしたら、早めに医師やカウンセラーといった専門家に相談して下さい。吐いていると体重が増えなくて良いと思えるかもしれませんが、とても強い酸で食道や口の中、歯がぼろぼろになってしまいます。吐くことからはなるべく早く卒業できるといいですね。また今、食べて吐く習慣のない人は、絶対に真似をしないで下さい。毎日食べることが辛いことではなくなるように、できれば楽しめる方が良いですから。

セックスについては、ほぼ全ての文化に共通のインセスト・タブーがあります。インセスト・タブーは、近親相姦の禁止です。どの範囲を近親とするかについては、時代により、文化により違いが見られます。現代の日本では3親等まで、つまりおじ・おばや甥姪との婚姻が民法で禁止されています。法律の上では、いとこ同士なら結婚することができます。しかし、いとこ同士の結婚は周りから反対されるケースが多いと思われます。血が近しい人との結婚は、遺伝子のシャッフルが不十分になりがちで、遺伝病等の出てくる危険性が高くなってしまうからです。

インセスト・タブーがほぼ全ての文化に共通なのは、血が濃くなると子どもに病気等が出やすくなることを経験的に学んできたからではないかと、想像します。長い時間をかけて、近親相姦は多くの人にとって、想像するのも気持ち悪いといった状態になってきたのでしょう。いくつもの王族がきょうだいと結婚していたのは、もちろん自分達の権力基盤をより強くするためですが、もしかしたら王権をある一族に独占させないため、ゆるやかに権力が移ってゆくための装置だったのかもしれません。

3 文化とは

文化を一言で言うと「やり方の集まり」です。服の着方、ものの食べ方、住まい方、話し方、人との付き合い方、遊び方、勉強の仕方、仕事の仕方等々。日常の全てが文化です。私達が「文化」という言葉から想像するのは、絵や音楽、演劇や建築といった芸術や、文学であることが多いのですが、そうした「○○の文化」として教科書に載っているものばかりではなく（○○には場所や時代が入ります）、生活様式がすなわち文化なのです。

服の着方やものの食べ方は、見ることができます。ところが、人との距離の取り方や付き合い方といった目に見えにくいものもやはり文化で、こちらは見えにくい分、一層人をとまどわせたりします。海外旅行をすると、まずは空港で自分達とは様子の違う人達を見、広告の色遣いの違いを目にします。聞こえてくる言葉も新鮮だし、場合によっては空気の湿度や匂いまで、ああ日本とは違うなと思うことがあります。観光客として短期間滞在する分には、異文化はひたすら興味深いもので、驚きはあってもとまどいは比較的少ないと思われます。何もかも違っているのが当然だと思えるからです。しかし何年という単位で滞在すると、なじんできたかなと思った頃に、人との距離の取り方や付き合い方などで驚くこともあるようです。文化の違いは、実は意識のレベルまで及んでいるので、普段意識することのない分、とまどいが出るのです。

たとえば、人と話すときの視線の置き方は、文化によって違います。話すときは人の目を見なさいとよく言われますが、少し恥ずかしい気がしませんか。日本では、目をじっと見て話すのは、まだまだ一般的ではありません。しかし、本当にじっと目を見て話す異文化の人達もあります。そういう人達は、視線をはずされると不快なのかもしれないですね。

豆知識

あくまで今の日本ではという限定付きですが、人と話すときにどこを見たら良いかという原則をお伝えしておきましょう。ここでお話しするのは、面接など少し改まった場面のことで、普段はあまり気を遣わず自然で良いと思います。

改まった場面では、話す人の正面に座ることが多いですね。正面に見える相手の顔に額縁をかけるのです。肖像画みたいになりましたね。どこか一点をじっと見るというのではなく、絵の全体を柔らかく見ると良いのです。そして、ここぞというときに相手の目をじっと見ます。

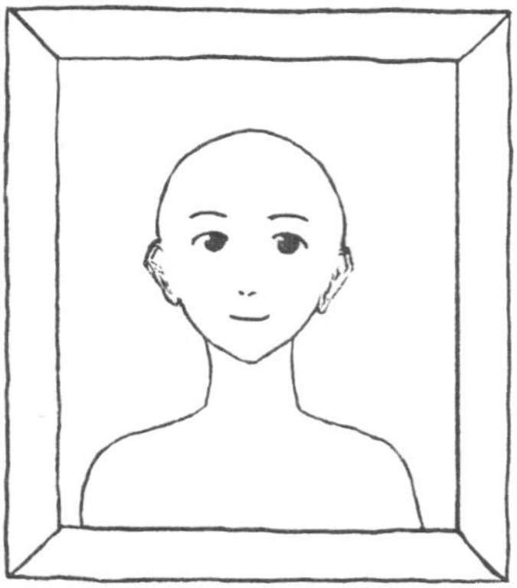

相手の目を見た方が良いのはどんなときかというと、相手が強く伝えたいと思い話しているときと、自分が相手に強く伝えたいことがあるときです。少なくともどちらかが、相手に強く「わかって欲しい」と思っているときです。就職のための面接なら、志望動機や自分の長所を話すときがそうですね。先方が、自社のアピールをしている場合も同じです。自分のことを伝えたい、あなたを理解したい、そういう強い気持ちが、しっかりと目を見るという行為で相手に届くのです。

でもときには、言葉がうまく出てこない、何を言って良いかわからないということも起こります。そのときは正面を見たままではなく、少し視線を落としましょう。相手の顔を見たまま考えるのは、なかなか難しいですから。多分多くの人は自然に、考えるときは軽く下を向いているはずです。

もう一つ。あまり親しくない人と二人で話すとき、正面だと面接のようで少し気詰まりですね。親しい人とはどんな位置関係でも楽しく話せますが、少し改まった関係だと、座る位置も話しやすさに影響します。一番話しやすいのは、机の角を挟んだ位置だそうです。自然に向き合うことができ、相手の表情がわかるのに、ずっと顔を見ていなくても良いからです。お互いによく見えるけれど、じっと見ていなくても良いという便利な位置関係です。意外と話しやすいのが、並んで座る場合です。電車のシートや、お店のカウンター、映画館のシートなど、並んで座ると無理に顔を見なくても良いので、話しやすいのです。ただ、机を挟んで座るよりは、相手の表情が見えにくいので、意識して相手の様子を気にかける方が良いかもしれません。

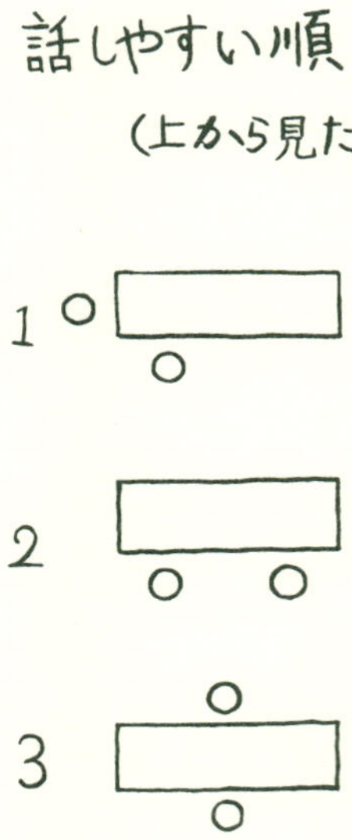

皆さんは若いですから、まだ目上の人と話すケースが多いでしょうが、やがてサークルやアルバイト先で後輩を指導することも出てきます。そんなとき、自然に机の角を挟んだ位置に誘導できたら、言いにくいことも多少は言いやすくなるかもしれません。

外国から来た人と接するときは、相手の考え方やマナーが自分達とは違うという前提で付き合います。ですから驚くことも多いですが、文化が違えば考え方も違うと納得もしやすいです。ところが「同じ日本」で生活していると思いこむために、他の地域の文化に出会うととまどうケースが多々あります。もっと言えば家によっても「当たり前」とされることは違うので、人と付き合う場合には、違いがあって当然と覚悟しておく方が、トラブルは少ないでしょう。違うと覚悟を決めた上で、理解する努力や思いやりを持つことが、人間関係を作る上で必要だと思います。「わかってくれない」と嘆く前に、わかりやすく伝える努力をしたかどうかを考えられるのが大人です。人と付き合うことは「異文化」との出会いでもあるのです。

本能に支配されている野生生物の生き方はシンプルです。でも人間は違います。科学技術で自由の幅を広げてきたけれど、自分で自分の生き方に制限を付けます。できるかできないか、やりたいかやりたくないか、というシンプルな原理ではなく「ふさわしいか、そうでないか」「のぞましいか、のぞましくないか」といった曖昧な基準を持ち出して、自分や周りを縛るのです。

人間はややこしい。本能で必要とされるよりも余分に欲しがってみたり（性欲や食欲など）、当然必要な分量を意志の力で拒絶したり（これも同様）。このややこしさが「人間らしさ」です。自分達で決めたことに縛られる不自由さが「人間らしさ」の正体です。文化もその一つです。それぞれに設定した望ましいやり方や決まりが、マナーやルールになりました。これは恣意性を持ちますから、スープをずるずる吸い込むのは行儀が悪いですが、おそばを音を立てて吸い込むのは当たり前だったりするのです。人間という生き物を観察する他者の目で見れば、どうでもいいではないかと思えるルールはたくさんあります。げっぷとおならはどちらが失礼かなども、その一つでしょう。また、誇りが傷つけられたことによる、名誉を守るための死など、人間という生き物を観察する他者の目で見れば、理解できないか滑稽であるかもしれません。

しかし私達にとってマナーやルールを守るのはやはり大切なことです。私達は、人間同士、社会の中で生きているからです。お互いが気持ちよく暮らしていけるよう、社会のルールを学び、守り、ときにはルールを変える努力が必要な場合もあるでしょう。社会に縛られ、しかし守られて私達は生活しています。

私達の文化は、恣意性に満ちた自由度の高いものです。だから時代により、地域により、いろいろな生活やスタイルがあります。これからも人間の「やり方」はきっとどんどん変わっていくでしょう。それは、人間の可能性だと考えることもできますね。

☞註

1. あくまで私見ですが、私は子ども達が小さいうちに、残酷なことも経験しておく必要があると考えます。個人的な思い出話で恐縮ですが、小学校低学年の頃、空き地で見つけたナメクジを火あぶりにしました。数人で輪になってしゃがみ、最初でろーんとしていたナメクジが、マッチの炎に包まれていくところをじっと見ていました。かわいそうだとは思いませんでした。気持ち悪いから良いや、ぐらいに思っていたのでしょう。

やがて黒こげで動かなくなったナメクジを見て、死んだら動かなくなるし生き返らないことを実感したのだと思います。
理屈では、もちろん死んだらどうなるかはわかっています。でも、自分達の手で命を奪い学んだことが、確かにありました。何とも言えない後ろめたさも。この後私は面白いからという理由で、生き物を殺したことはありません。この経験があると「人を殺してみたかった」とは思わないはずです。おもしろ半分で虫の足や触角をむしったり、ナメクジを踏みつぶしてみたり、そんな体験に、大人達はあまりいい顔をしないでしょう。でも、自分の中の残酷さを飼い慣らすためにも、早い時期にこうした体験（わざわざ勧めなくても、子ども達が群れれば勝手にやっているに違いないことです）があった方がいいように思えるのです。

2. 同種の生き物の遺伝子を残すためではなく、自分の遺伝子を残すために、他のオスの子どもを殺す猿の例などが、知られています。

3. 野生の動物も、哺乳類を中心に、性的行為で快楽を得ています。おすすめの本『快感回路』に、いくつも具体例が出ています。ウナギを使った、オスのバンドウイルカのオナニーなど驚くような例もあります。

まとめ

❶ 多すぎる欲望

人間は本能だけに支配されているわけではない。

だから生命の維持に必要な分よりも多く欲しがることがある。たとえば、性欲や食欲など。これら「お楽しみ」で、生活を豊かにしてきた。

❷ 少なすぎる欲望

先の場合とは逆に、生命の維持に必要な分を意志の力で拒絶する場合もある。これもやはり性欲や食欲など。

人間は自分達でルールやマナーを作り、望ましいあり方を求めて自分達を縛る。

❸ 文化とは

文化は「やり方の集まり」である。日常生活の全てが文化だと考えることもできる。

文化の違いを認め合い、理解しようとする努力が求められる。

自分達で決めたことに縛られる不自由さが「人間らしさ」の正体。

これからも文化は変わっていく。それは人間の可能性でもある。

おすすめの本

D.J.リンデン（岩坂彰訳）『快感回路——なぜ気持ちいいのか、なぜやめられないのか』河出文庫、2014年

性的な快感の他にも、食欲やギャンブル、ときにはドラッグと、古来より人類は様々な快楽に身をゆだねてきました。サブタイトルのとおり、どうしてそれらが気持ちいいのか、ときに身の破滅を伴うことがわかっても依存してしまうのはなぜか、について書かれています。

第6章

デュルケムの『自殺論』

◆その1◆

1 社会学の祖

デュルケムは、社会学を学んだ人なら一度は名前を聞いたことがある、という人です。社会学の生みの親と言って良いでしょう。実は、社会学はまだ若い学問なのです。(註1) この人はたくさんの成果を残していますが、ここでは1897年に出された『自殺論』を取り上げます。『自殺論』は、社会学の考え方を説明するのに都合の良い本だからです。

自殺は、いつの時代も人の興味を引きます。自分の意志で人生を終わらせることは、野生の動物とは違うきわめて人間的な行為です。一般に、死はよくわからないために恐ろしく、その恐怖を克服し自殺に至る人に対して、周囲の人間は複雑な思いを持つものです。そんな自殺をテーマとし、心理学等他の学問のやり方とは違う分析の仕方を見せたことで、『自殺論』は社会学の記念碑のような位置を占めることになりました。

本当は皆さんが実際に『自殺論』を読まれるのが一番なのですが、長いですし少し難しいところもありますので、大事なところを中心にお話ししましょう。

2　デュルケムのすごさ

「自殺」が起こると、一般の人の興味は「なぜ」ということに集中します。なぜ、自殺したのか。なぜ、周りに相談しなかったのか。なぜ、止められなかったのか。……たくさんの「なぜ」で、周りの人は心がいっぱいになります。自殺する人の多くが鬱状態にあるのだとも言われますが、言うまでもなく鬱状態の人が皆自殺に至るわけではありません。たとえ遺書があったとしても、それは原因の一部に過ぎないかもしれないし、意図的な嘘があるかもしれません。もしかしたら、なぜ自殺するのか、当の本人だってわかっていないかもしれないのです。ある人の自殺をめぐる「なぜ」は、正確な答えを見つけにくい問題です。

だから、デュルケムは一つ一つの自殺の理由を考えるようなことはしませんでした。統計の数字から、人々を自殺に追い込む社会の状態が読み取れないかと考えたのです。一人一人の自殺の理由がわからなくても、統計を丁寧に見てみれば、人々を自殺に追い込む社会の状態を分析することができるのではないか。そのために「自殺率」が役に立つと、彼は考えました。１年間に、たとえば人口10万人当たり何人が自殺で亡くなるのかを示す数字が「自殺率」です。この自殺率には、個人の事情は全く反映されません。だからこそ、社会の状態を直接観察できるのだと彼は言います。自殺率という社会的事実は、社会の状態を映す鏡です。デュルケムは自殺率から、社会の状態を読み解いて見せました。

デュルケムのすごさは、目に見えるもの（統計の数字）から目に見えないもの（人々を自殺に追い込むもの）を読み取ろうとして、成功したことだと思います。では、実際に統計からどのように社会の状態を読み取るのかを見ていきましょう。

3 デュルケムの見つけたこと

『自殺論』が出たのは1897年、19世紀の終わりです。ヨーロッパ各国の自殺統計から、彼は次の六つの事実を読み取りました。

①カトリックの信者が多い国や州は、プロテスタントの多い国や州より自殺率が小さい。ユダヤ教徒が多く住んでいる地域の自殺率は、カトリックの割合が高い地域よりも小さい。

②自由業の人や地主、金利生活者など有閑階級の自殺率は、それ以外の人の自殺率より大きい。

③男性は女性より自殺率が大きい。

④年齢の影響をのぞくよう処理すると、結婚していない人は、結婚している人よりも自殺率が大きい。

⑤戦争のように、政治的な危機の時代に、自殺率は小さくなる。

⑥大都市を含む州は、農村部の州より自殺率が大きい。

デュルケムが読み取ったことだけをまとめて書きましたが、これを見つけるためには大変な手間がかかっています。自殺率に違いのありそうな項目を設定し、集計していくのは、仮説を立てて検証する学問の基本的な方法ですが、今とは違って便利なコンピュータや計算機がありませんから、全て人の手によるものです。文庫版の『自殺論』はかなり分厚い本ですが、この中の統計やデータを見ると、社会学を学問として成立させようという情熱が伝わってきます。

さて、ここからデュルケムは自殺率の大小を左右する鍵を見つけます。なんだと思いますか。「集団の凝《ぎょう》集性」です。もしかしたら、皆さんは初めて出会う言葉かもしれませんね。集団が人をまとめようとする力の強さです。この凝集性が大きいと、つまり人と人をくっつけようとする力が大きいと、自殺率は小さくなります。逆に凝集性が小さくなると、つまり人と人をくっつけようとする力が小さく弱くなると、自殺率は大きくなります。人は集団に縛られているときは、自殺しにくいのです。逆に好きにしていいよと放っておかれると、ときに（縛られている状態よりも）自殺しやすくなってしまう場合があるのです。

上の六つの項目で確認してみましょう。①は少しややこしいので、最後にしますね。②は、有閑階級の自殺率が他の人より大きいことを示していました。有閑階級は、「暇のある階級」ということです。あくせく働かなくていい人達です。彼らはお金も時間も持っています。多くの場合、お金がある人は忙しいし、時間のある人はお金がありません。皆さんも多くの人はそうですね。社会人になると学生のときよりお金がたくさん手に入りますが、自由に使える時間はぐっと少なくなります。学生の皆さんには、比較的自由な時間がありますが、自由になるお金は社会人に比べたら少ないですね。ワーキングプアといわれる人達は、自由になるお金も時間も少なかったりします。とても気の毒です。

お金も時間も自由になるなんてとても贅沢です。私はうらやましいです。でもそのうらやましい人達の自殺率は、それ以外の人達より高かったのです。これはどういうことでしょう。絆の問題ではないかと私は考えます。痛みや喜びを分かち合える、心にあるものを吐き出すことのできる付き合いがあまりないと、辛いときの支えにならないのですね。政治や芸術等について話ができても、個人的な悩みを相談するような関係を持ちにくかったのではないでしょうか。

また、「あくせく働かなくて良い」ということは、時間がたくさんあるわけですから、「生きるとはどういうことだろう」「自分が生きる意味はどこにあるのだろう」といった、答えを見つけにくい問題にとらわれるきっかけになってしまいます。（註2）仕事など生きるために精一杯の人は、「なぜ生きるのだろう」などとゆっくり考えることはあまりありません。ですが、お金も時間も充分にあると、考えても仕方のないことにとらわれてしまいます。仕事などで誰かの役に立っている実感があればいいですが、地主や金利生活者など、働かなくても収入のある人だと、自分は誰かのためになっているだろうかなどと反省してしまうかもしれません。多くの人はそれでも別に死ぬまで追いつめられることはありませんが、悩みなどで精神的に疲れた状態にあれば、生きていても仕方がないとか、人の犠牲の上に贅沢をしているとか、マイナスの自己イメージにとらわれる場合もあるでしょう。お金も時間も充分にあって恵まれた状態も、場合によってはそれほど幸せではないのかもしれません。

③について考えてみましょう。女性の自殺率が男性よりも小さいのは、豊かなネットワークによるものでしょう。デュルケムが分析したのは、19世紀ヨーロッパのデータです。ですが、現代の日本にも充分当てはまるところがあります。収入を得るための仕事が生活の中心になりがちの男性に対して、収入を得るための仕事に加えて、家庭の切り盛り、地域や親戚との付き合いも期待される女性。負担の大小はさておき、人間関係のネットワークをどちらが多く持っているかは明らかですね。もちろん、あくまで一般的な傾向の話で、女性でもあまりネットワークのない人もあったでしょうし、豊かな人間関係を築いている男性もあったでしょうが。

④についても、結婚してパートナーのある人とパートナーのない人では、家族の支えの密度が違います。当時は今ほど、婚姻に対する考え方が自由ではありませんでしたから、結婚がすなわち

パートナーの有無を見分ける基準となりました。いつも関係が良いとは限らないけれど、生活を共にする家族の存在は、精神的に辛いときの支えになります。だから、結婚している人の自殺率は結婚していない人の自殺率より小さいのです。家族を支えていくためには死ねないということもあるでしょうし。

⑤は、戦争や革命、内乱といった政治的な危機の時代に、自殺率は小さくなるというのですが、私はデュルケムが「集団の凝集性」に気付いたのは、この項目のお陰ではないかと考えます。戦争のような危機の時代、自殺は増えそうだと思いませんか。（註3）生きていくのが辛いときに自殺するのだとしたら、戦時中のように人間性を否定されたり、生活が苦しくなったり、大切な人と別れなければならないとき、自殺は増えるのではないかと私は思っていました。だからこの項目には違和感がありました。でも「集団の凝集性」が鍵ならば納得できます。戦時中は、外部の敵に対して国内は一致団結するはずだからです。国内がどうもしっくりいかないときに、政治を司る者が手っ取り早く事態を解決するには、外部に敵を作ればいい。戦争はなかなか効果的な方法です。軍需で、経済状態が潤うおまけも付いてくるかもしれませんし。

なお、革命や政変が起こると、必ず自殺率が小さくなるわけではないとデュルケムは書いています。（註4）自殺率を小さくするのは「人々の激情をかきたてるような危機だけにかぎられている」のです。ここから、社会的政治的な危機が、人々を団結させ、つながりを強いものにし、自殺から遠ざけるのだと考えられます。

一つになって、ピンチに立ち向かう。その中で強い絆が生まれ、それは危機が去った後も人々を支えることができるのです。（註5）

日本でも、戦争のただ中だった1943（昭和18）年に、自殺率は過去最低を記録しています。（1889年に統計が取られ始めてからの記録です。1944年から46年にかけてのデータは、不備があって公表されていません。）先の大戦では、国民一丸となって戦いましたから、一体感も強かったのだと推測されます。（註6）

⑥について考えてみましょう。農村部の多い州と都市部の州を比べた場合、都市部の自殺率の方が高いというのでした。人間関係の濃密さを考えると当然の結果でしょう。現在の日本でもそうですが、都市の人間関係は一般に淡泊です。求めれば、親しい関係を作ることもできますが、マンションで隣の部屋に住む人の顔を知らないという人は、決して少なくありません。都市部では、住まいと職場が必ず近いわけではありませんが、農村部では、仕事の場である農地と、住まいが近いところにあるケースが多いでしょう。農業は、自然に対して働きかけるため、近隣との協力が欠かせません。ですから、農村は共同体としての色合いが強く、人間関係が濃密になります。

この濃密な人間関係は束縛につながります。窮屈で自由がないように思う人もあるでしょう。しかし、この窮屈さは人を自殺から遠ざけます。悩む前に、共同体のために働くよう、し向けるからです。都市部では自由がある代わりに、こちらから働きかけなければ悩んでいても誰も気付かないといったことも起こります。

人とのつながりが弱いと、辛さの中にある人を引き留めることが難しくなります。逆に人と人とのつながりが強いと自殺率は小さくなる。自殺が起こりにくくなるのです。

ここで①に戻りましょう。①は、キリスト教を中心とする宗教の問題でした。歴史の古い方から、ユダヤ教、カトリック、プロテスタントとなるきょうだいのような三つの宗教の信徒の自殺率に、はっきりとした傾向があったのです。（正確に言うと、ユダヤ教徒の多い地域の自殺率、カトリックの多い地域の自殺率、プロテスタントの多い地域の自殺率をそれぞれ比べたものです。）ユダヤ教の信徒の自殺率が三つの中で一番小さく、次にカトリックが続き、プロテスタントの自殺率は三つの宗教の中では一番大きくなりました。

だとすれば、ユダヤ教が一番自殺に対して厳しく、プロテスタントが一番自殺に寛大なのではないかと思われませんか。ところがこれはむしろ逆なのです。プロテスタントは教義としては自殺に厳しい。にもかかわらず、自殺率が高くなってしまうのは、やはり共同体のあり方の問題だと考えられます。

ユダヤ教徒は、そのほとんどがユダヤ人です。神に選ばれた者達が、日常生活を神との契約に従って律していく。ユダヤ教にはそうした側面があります。生活に細々と決まりがあり、ユダヤ教徒同士の共同体をとても大切にします。そこには神に選ばれたという自信と、仲間のある安心感があります。自信と安心は、人が生きていく上でとても大切なものだと私は考えます。同じく神に選ばれた者同士のコミュニティは、ときに窮屈なこともあるでしょうが、強い連帯感で人を守ります。

カトリックの場合は、一般にユダヤ教徒ほど一体感が強くはないでしょうが、それでも教会を中心とした共同体があります。生まれてから死ぬまで、一生地域の教会にお世話になるのです。教会は、誕生から死まで人の一生の面倒を見ます。また、地域のお世話係、まとめ役としても活躍します。教会は地域の共同体の要と言えます。

皆さんは世界史で学ばれたかもしれませんが、生活の全てをカバーする教会が一部堕落し、それに対する反発からプロテスタントが現れました。教会の堕落の一例として有名なのが、免罪符です。罪を犯した者も、免罪符を買うと、その罪が許されるというのです。支払われたお金は、神様のため、教会が使うのですから祝福されたお金になります。こう言われると、喜んでお金を出してしまいそうではありませんか。お金を集めるのにとても良い方法ですね。これには、当然反発が起きます。悪いことをしても、免罪符が買えるお金があれば許されるなら、お金持ちの方が救われやすいことになってしまいます。こうした堕落に反発して生まれたプロテスタント（抵抗する者という意味です）ですから、信仰に対する姿勢はとても純粋です。救いには、何よりも信仰が大切で、そのために聖書を良く読むことが必要です。また、聖職者は特権を持つわけではなく、信徒一人一人が直接神と結びつくのです。

信仰としてとても純粋なプロテスタントは、間に余計なものを挟まず、神と人が直接結びつきます。これは信仰心の強い人や幸せな人には良いでしょう。しかし、神と人とが直接結びつくということは、これまであった共同体を分断してしまうことにもなります。カトリックでは、教会が神と人の間に入り、地域のお世話をしていました。信徒達は、教会を中心とした共同体の中に生きていました。しかしプロテスタントは、純粋な信仰故に、教会の特権を認めません。人は、教会のお世話にならなくても直接神の救いを得ることができます。その代わりに、教会を中心としたコミュニティは力を失い、人と人との支え合いが希薄になってしまったのです。

先にも書きましたが、純粋な信仰は、強い人や幸せな人にとっては良いものだと思います。しかし多くの、迷いや悩みの多い人達にとって、神様の支えはもちろん必要ですが、困ったときに手を差し伸べてくれる隣人の存在が、やはり大きな意味を持つのです。本当に辛いときや悲しいときに、支えになってくれる人がないとしたら――。強い人は、神に祈ることで自分を保つのでしょうが、弱っている人の中には絶望してしまう人も出るでしょう。自殺は神に背くものだと知っていても、です。

こうして、共同体の絆の強さの順に、自殺率の大きさが説明されます。共同体の絆の強いユダヤ教徒の自殺率は小さく、教会が共同体の中心であったカトリックが続き、純粋な信仰形態のプロテスタントの自殺率が、この三つの中では一番大きくなったのです。

縛られるのは窮屈ですが、豊かな人間関係は辛いときの支えになります。私達はいろいろな集団の中で、ときに縛られ自由を失いながらも、周りに支えられて生きていると言えるでしょう。

☞註

1. 古い学問としては、ギリシアの昔からある哲学や数学、物理学や天文学、医学などがあります。社会学と同じくらい新しいものとしては、心理学、教育学などがあります。

2. 若い皆さんにとっては、こういう答えのない、あるいはいくつも答えのある問題を真剣に考えることが、とても大切です。今のうちにたくさん考えて、うんと悩んで下さい。その経験が、あなた方を鍛え、支えてくれるのです。

3. 大きな政変があると自殺率は大きくなるだろうと考えられていました（『自殺論』240頁）。

4. 『自殺論』244頁。

5. 同上、246頁。

6. 厚生労働省ホームページ、自殺死亡統計の概況　人口動態統計特殊報告「総死亡率（人口10万対）及び自殺死亡率（人口10万対）の年次推移」より。1943年の自殺率は、人口10万人あたり全体として（男女合わせると）約12。2003年の自殺率は、同じく約25でした。

まとめ

❶ 社会学の祖

デュルケムは、社会学の生みの親。
社会学はまだ若い学問。
1897年に出された『自殺論』は、社会学の記念碑のような位置を占める。

❷ デュルケムのすごさ

統計の数字から、人々を自殺に追い込む社会の状態が読み取れないかと考えた。
自殺率という社会的事実は、社会の状態を映す鏡。
デュルケムのすごさは、目に見えるもの（統計の数字）から目に見えないもの（人々を自殺に追い込むもの）を読み取ろうとして、成功したこと。

❸ デュルケムの見つけたこと

ヨーロッパ各国の自殺統計から、彼は次の六つの事実を読み取った。
①カトリックの信者が多い国や州は、プロテスタントの多

い国や州より自殺率が小さい。ユダヤ教徒が多く住んでいる地域の自殺率は、カトリックの割合が高い地域よりも小さい。

②自由業の人や地主、金利生活者など有閑階級の自殺率は、それ以外の人の自殺率より大きい。

③男性は女性より自殺率が大きい。

④年齢の影響をのぞくよう処理すると、結婚していない人は、結婚している人よりも自殺率が大きい。

⑤戦争のように、政治的な危機の時代に、自殺率は小さくなる。

⑥大都市を含む州は、農村部の州より自殺率が大きい。

自殺率の大小を左右する鍵は、「集団の凝《ぎょう》集性」（集団が人をまとめようとする力の強さ）。

おすすめの本

E．デュルケーム（宮島喬訳）『自殺論』中公文庫、2018年改版

一度は実物を見て、できれば一部でも実際に読んで、デュルケームのすごさを実感していただければと思います。

第7章 デュルケムの『自殺論』

✦その2✦

　前章でデュルケムが自殺率の統計から、人々を自殺に追い込むものを読み解いてきたことを確認しました。統計を整理、分析して前回見てきたような結論を出したのは、かなりすごいことだと私は思いますが、それだけではありません。デュルケムは、まだまだこんなことも考えました。この章でもデュルケムのすごさを見ていきましょう。

1 自殺の分類

　デュルケムは、自殺を四つに分類しました。自己本位の自殺、集団本位の自殺、アノミーの自殺、宿命主義の自殺の四つです。

　アノミーなんて、特に聞き慣れない言葉ですね。一つ一つ考えていきましょう。

2 自己本位の自殺と集団本位の自殺

自己本位の自殺と集団本位の自殺は、ペアになっています。まずは、集団本位の自殺から見ていきましょう。

集団本位とは文字通り、集団を大切にするための自殺です。保険金をねらっての自殺や、スキャンダル隠しの自殺がこれに当たります。

確かに自殺では保険金が下りないケースも多いのですが、保険の種類によっては自殺でも保険金が支払われるものがあります。そういう保険に加入して、たとえば経営する会社が立ちゆかなくなったとき、従業員の賃金の支払いに充てたりするケースがあるのです。

また、会社や役所などの組織で不祥事が起きたときに、鍵となる人物が自殺することもあります。この人が捕まって、いろいろなことが明らかになると、多くの人に影響が出る。芋づる式にたくさんの人が捕まるかもしれない。そんなとき、この人が自殺することで結局うやむやになり、密かにほっとする人がたくさんいるといったことも、時々起こります。

この人達の自殺は、自分が自殺することで集団に何らかの利益があるだろうと考えることから起こるものです。集団のために、集団を大切に思って自殺に至る。こういうケースを集団本位の自殺といいます。その人の自殺が、結果として本当にその集団のためになるかどうかということは、全く別の問題です。

これとペアになる自己本位の自殺は、その名前だけを見ると自分を大切にするから死を選ぶように見えます。名誉を守るための自害のようなものが、イメージされます。しかしそれは、少し違います。正確に言うと、自分を大切だとは思えなくて自殺してしまうのが、このタイプなのです。いじめによる自殺や、孤独に耐えかねての自殺など、前回説明した集団の凝集力と関係のある自殺は、多くはこのタイプです。

一般に、人はどうやら自分のためだけには生きていきにくい生き物のようです。誰かのために役に立ち、喜んでもらうことが生き甲斐になる。「愛の反対は憎しみではなく、無関心だ」とマザー・テレサは言いましたが、そうだなとしみじみ思います。私達は誰かに「あなたがいてくれて良かった」と言って欲しいのです。

自由は確かに良いものだと思います。強くて、幸せな状態にある人にとっては。でも自由は、心が弱っている人や辛い状態にある人にとって、辛いものになることがあります。自由は、ときに共同体から切り離されることでもあるからです。恵まれたケースでは、家族や友人との親しい関係を持ちつつ、自由であることも可能でしょう。でも、自由と孤独は裏表の関係であることが多いのです。自由で、好きに行動できるということは、共同体の絆から切り離されているからかもしれません。共同体の中で大切にされると孤独ではない代わりに、行動の自由は制限されがちです。

先にも書きましたが、自由は、強くて、幸せな状態にある人にとっては良いものです。しかし、辛いとき、特に心が弱っているときには大して役に立ちません。むしろ、自由の孤独の面が強く出てしまうと、辛い人を追いつめてしまうことにもなるでしょう。特に辛いとき、私達は「誰かから必要とされている自分」を再確認したいものです。それが叶わないとき、共同体の絆から切り離されて孤独なとき、死に誘われてしまうこともあるのです。

デュルケムは「自己本位」の姿勢が、人々から献身の対象としての集団を奪うのだと考えました。自分を超えた何かのために努力する要素がないと、生きるのは意外に辛い。自分自身を目標としては生きられない。きっと私達は自覚している以上に、社会的な動物なのです。百年あまり前のヨーロッパで、自由を重んじる空気は、人々をうるさい集団の縛りから解放しました。しかしそれは同時に、献身の対象、努力を認め喜んでくれる対象を失うことにもなりました。そうなると、案外小さく惨めな自分が見えてしまいますし、生き甲斐を失って憂鬱な元気のない状態に陥る場合もあるでしょう。こうして「自己本位」の姿勢から、（自分を大切にする）「自己本位」の状態を維持できなくなるという矛盾が生まれます。これが極限まで進むと、「自分を大切だとは思えなくなり」自殺してしまうのです。

集団本位の自殺が、集団にくっつきすぎて起こるとすると、自己本位の自殺は、集団から切り離されることで起こると考えるとわかりやすいかもしれません。

3 アノミーの自殺と宿命主義の自殺

アノミーという言葉に、多くの人は初めて出会われたのではないかと思います。アノミーは「無規制」、つまりルールのない状態をいう言葉です。無伴奏のことをアカペラといいますが、あれはア・カペラです。それと同じ「無」や否定を意味する「ア」に、ルールや決まりを表す「ノルム」の変形した「ノミー」がくっついて、「無規制」「無規範」「ルールのない状態」を表しています。

規制のない状態、ルールのない状態とは、どういうことでしょう。また、なぜそれが自殺に結びつくのでしょう。

デュルケムは、アノミーを「欲望の神格化」だと考えました。欲望を、神のように、つまり何よりも価値のある大切なものとして扱う、考えるという態度です。何か一つ手に入れると、また次のものが欲しくなる。小さなことで成功すると、次はもう少し大きなことで成功したくなる。これらは当然のことで、努力する姿勢や向上への意欲は、私達の多くが自然に持っているものです。ところが——。百年前のフランスでも、今の日本にも「もっと欲しがれ」「こんなところで立ち止まっていてはいけない」と、人々をあおる何かがあります。

テレビから飛び込んでくるグルメやファッションの情報、上手に購買意欲をそそるＣＭ。グラビアのきれいな雑誌にあふれる流行の品々、正しい努力をすればあなたも成功できると微笑む「成功者」達の本などなど。充分幸せなはずなのに、これでいいのだろうか、もっと頑張らなくてはと、いつも追い立てられている人達（これは、向上心の強い女性が多いようですが）。そうです。誰もストップをかけてはくれないのです。まだまだ、もっともっと、と消費や努力をあおります。

バブル経済で日本中が浮かれているようだった頃、雑誌には「ワンランク上の〇〇」という言葉があふれていました。随分少なくなりましたが、今も時折見受けられます。「ワンランク上」は、少し頑張れば手が届く、ちょっとした贅沢だったりしますから、売り込むにはとても便利な言葉です。ちょっとだけ背伸びをすれば、大きな満足が手に入りますよ、というわけです。ところが「ワンランク上」は、実は曲者《くせもの》です。決してそれで終わり、ではないからです。手に入れてしばらくは良い気分でも、すぐに次の「ワンランク上」が現れます。それが実現すれば、また次が……ということで、どこまでも終わりはありません。終わりは結局のところ、自分で設定するしかないのです。

多くの健全な人達はそうした流れに乗せられつつも、自分なりの限界を（多くは無意識のうちに）設定し、周りと適度に折り合いながら生きていきます。ところが、自分の内側に自信や自分なりの価値判断の基準を持っていないと、どこまでもあおられ踊らされ、少しも満足できないといった状態に陥ってしまいます。デュルケムいわく「人は、制限がないと思えば思うほど、ほんのわずかな制限にも耐えられない」のです。後にエリック・ホッファーが「人は、何もかも足りないときより、たった一つ足りないときの方がもっとイライラする」と言い換えましたが、これがよくわかるという人は決して少なくありません。

情けない話ですがあるときまで、アノミーの自殺を説明しながらも、私自身はどうしてもなぜそれが自殺に結びつくのかが納得できていませんでした。そのイライラは確かにわかりますが、だからといって自殺するほどのものだろうかとずっと思っていました。ある年、講義を聞いていた社会人の学生さんが「完全主義の破綻だと思います」と意見を聞かせてくれて、ようやく納得できました。もっともっとと努力してきて、それでもどこまで行っても満足できなかったら、確かに挫折してしまうだろうし、完全主義の人はときに'all or nothing（完全でなければ、何だって同じ）'で、全てを投げ出してしまうことだってあるでしょう。

デュルケムが分析したデータによれば、経済的に豊かな国や州の方が、貧しい国や州より自殺率が大きい。景気の良いときの方が不況のときより、自殺率の高いことがある、ということがわかりました。こうした一見不思議なデータを手にして、彼はアノミーの自殺に思い至ったのでしょう。これは大変なことだと思います。普通の人は「常識」からはずれたデータを見ると、データの取り方に何か問題があったのだと黙殺してしまうことが多いからです。でも彼はそうしなかった。豊かだから、景気が良いからこそ自殺に至るのだとしたら、それはなぜだろうと考えたのです。これは21世紀の今もかなり当てはまる現実です。生きるのに精一杯、むしろ内戦があったり、風土病で平均寿命が短いといった国の自殺率は、一般に低いです。日本は先進国の中でも上位の自殺率です。ただ、自殺率が低ければ幸せなのかというと、それも一概には言えません。自殺率の低い中南米の国々の他殺率は、相対的に高く、日本の他殺率は先進国の中でもかなり低くなっています。(註1)

アノミーの問題は、「自分の中にルールがない」ところにあると私は考えます。社会がどこまでもあおるアノミーの状態でも、できればそれに振り回されずにいられたら、と思います。もちろんそれは簡単なことではないかもしれません。でも、私達が学ぶのは振り回されない自分を手に入れるためでもあるはずです。広く深く、ものごとを考え、自分の失敗からも何かを学ぶ。そうした姿勢を忘れずにいれば、周りがどうであってもほどほどで満足することはできます。ほどほどで満足する、自分の限界を知る、ときに潔く諦めることは、全て知性の力によるものだと思います。(註2)

少し余談になりますが、大切なことだと思いますので、お話ししておきます。できれば学生のうちに「完全主義」からは卒業しておかれる方が良いでしょう。理由は簡単です。人間のすることに完全などないことが一つ。もう一つは、完全主義にとらわれていると、就職した後で困ることが多いからです。

「完全主義」といいましたが、「自分なりに満足できるラインを守ること」と読み替えていただいても同じです。仕事は、ハプニングの連続です。就職したての頃は、想定外のことばかり起こる気がするくらいです。そんなとき、ものごとがよくわかっていない自分の物差しで、行動基準など決めない方が良いと思います。

目の前のことを必死でこなすうちに、仕事のルールが何となく見えてくるのです。皆さんの中には、自分なりの「完全主義」を大切にしてこられた方も多いでしょう。向上心の強い人は、自分なりのルールを持っていらっしゃるものですから。でも、それがときにあなた方を苦しめることもこれから増えてきますので、できれば「まあ、いいか」とやりすごすことも、少しずつ覚えていただけたらと思います。何も今日から今から、これまでのルールを捨て去れ！と言っているのではありません。少しずつ周りや自分の至らなさを許すことができればいいなということです。そういう姿勢が、物事が思い通りに進まない社会で生き抜くための、ストレス耐性を鍛えることになります。ただこれはあくまで、これまで「完全主義」を守ってこられた方へのアドバイスで、一般の人にだらしなくなれ、と言っているのではありません（笑）ので、ご注意下さい。

さて、アノミーの自殺とペアになる宿命主義の自殺ですが、実はこれについてデュルケムは本文ではなく、註で触れているだけです。（註3）アノミーが、もっともっととあおるのに対して、宿命主義の方は仕方がないから諦めなさいと、諦めを強要するものです。どうしようもないから、諦めなさい。そういうふうに生まれついてしまったのだから、解決するには死ぬのも仕方ない、というわけで、たとえば、身分の違い等でこの世では結ばれることがかなわないカップルの心中が、これに当たるでしょう。これまで取り上げた他の三つの自殺（自己本位、集団本位、アノミーの自殺）と比較すると、あまり数の多いものではありません。

4 デュルケムの分析

『自殺論』全体を図式化するとこのようになります。

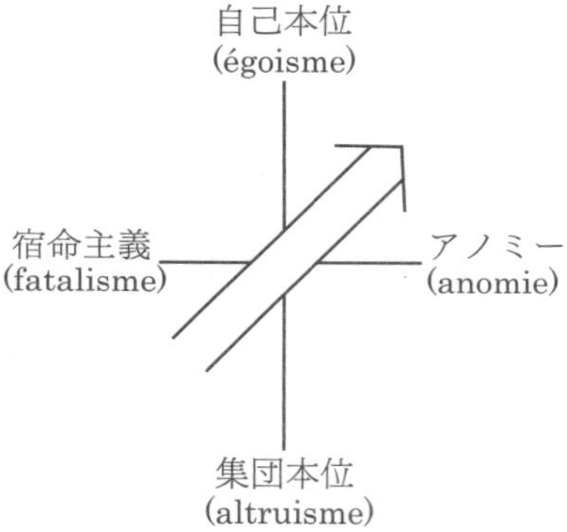

『自殺論』の構図

大村英昭「自殺と社会」井上・大村編『社会学入門』53頁

対立を含む二本の軸を交差させて、太い矢印で、時代の流れを表します。

かつて、宿命主義や集団本位で成されていた自殺は、時代の流れと共に、自己本位やアノミーの自殺に移っていくと、彼は予測しました。『自殺論』が出版されてから100年以上経ちましたが、この分析は古くなっていません。むしろ、確かにそうだなと感心させられます。

きわめて個人的な自殺という行為から、社会の集合意識を分析したアイディアは大したものです。「社会は個々の意識には還元し得ない独自のリアリティ」であり、「個」は社会が必要とするときに制度として作り出される、という考えは、パーソンズを経て後の「構造主義」の源となりました。

☞註

1. 2016年WHOの自殺統計より。統計の取り方、信頼性が国により異なるので、順位は出していません。10万人あたりの自殺率は、世界全体の平均10.6、日本18.5。30を超えるのは、リトアニア、ロシア（国名のアルファベット順、以下同じ）。20を超えるのはベラルーシ、ベルギー、ガイアナ、カザフスタン、ラトビア、レソト、韓国、スリナム、ウクライナとなっています。

2. 若い皆さんのことを、草食系、覇気がないなどと言う人々もありますが、私は、地に足が着いていて堅実だと感心することが多いです。

3. 『自殺論』530頁。

まとめ

❶ 自殺の分類

デュルケムは、自殺を四つに分類。
自己本位の自殺、集団本位の自殺、アノミーの自殺、宿命主義の自殺。

❷ 自己本位の自殺と集団本位の自殺

集団本位とは文字通り、集団を大切にするための自殺。
保険金をねらっての自殺や、スキャンダル隠しの自殺。
自分が自殺することで集団に何らかの利益があるだろうと考えることから起こるもの。

自己本位の自殺は、自分を大切だとは思えなくて自殺してしまう。
いじめによる自殺や、孤独に耐えかねての自殺など、集団の凝集力と関係のある自殺は、多くはこのタイプ。
「自己本位」の姿勢が、人々から献身の対象としての集団を奪う。
集団本位の自殺は、集団にくっつきすぎて起こり、自己本位の自殺は、集団から切り離されて起こる。

❸ アノミーの自殺と宿命主義の自殺

アノミーとは「無規制」「無規範」「自分の中にルールのない状態」。

デュルケムは、アノミーを「欲望の神格化」だと考えた。

「人は、制限がないと思えば思うほど、ほんのわずかな制限にも耐えられない。」「完全主義の破綻」

ほどほどで満足する、ときに潔く諦めることは、知性の力によるもの。

宿命主義の自殺は、諦めを強要するもの。

❹ デュルケムの分析

自殺は、時代の流れと共に、宿命主義や集団本位から自己本位やアノミーへ（予測的中）。

きわめて個人的な自殺という行為から、社会の集合意識を分析した。

デュルケムの方法は、パーソンズを経て後の「構造主義」の源となった。

おすすめの本

宮島喬『デュルケム「自殺論」を読む』岩波書店、1989年

とてもわかりやすく、お勧めです。この本を読むと、よくわかったからもう『自殺論』を読まなくてもいい、と思ってしまうくらいです。残念なことですが、一般書店で買うことはできません。図書館等で探してみて下さい。

宮島喬『デュルケム「自殺論」』有斐閣、1979年

こちらは買うことができます。上記『デュルケム「自殺論」を読む』の元になった本だと思われます。

第8章

宗教と資本主義

　この章では、資本主義の発展に実はキリスト教が深く関係していた、という話をしたいと思います。お金儲けと信仰は、一見相容れないように見えませんか。ところが、熱心な信仰が、結果として資本主義の発展を導くのです。この仕組みを、ウェーバーは『プロテスタンティズムの倫理と資本主義の精神』という本にまとめました。（註1）

1 ウェーバーの『プロテスタンティズムの倫理と資本主義の精神』

　ウェーバーは、ドイツの社会学者です。大変優秀な人で、多方面の仕事をし、同時代の人や後に続く人達に大きな影響を与えました。第6章第7章でお話ししたデュルケムと並ぶ社会学の巨人です。

　私は大学4年生のとき、この人の伝記をドイツ語で読むゼミに参加しました。いろいろな逸話があって興味深かったのですが、今も忘れられないのは、神経症から鬱病になり、妻に辛いと訴える場面です。調子は最悪だ。集中力が3時間しか続かない、と彼は言うのです。私はとても驚きました。残念ながら正直のところ、絶好調でも集中力が3時間も続くことは、私にはありません。たとえば、この原稿を書くのはなかなか楽しい作業ですが、それでも1時間も続けると、頭の回転が随分ゆっくりになってしまいます。ところがウェーバーは、集中力が3時間しか続かない状態を最悪だと言っています。調子が良かった頃の彼の仕事はどんなものだろうと考えると、ただただ驚くばかりです。卓越した思考力と、大変な集中力を備えていた人なのです。

『プロテスタンティズムの倫理と資本主義の精神』とは、大変長いタイトルです。見るだけでイヤになりそうです。ですが実は、タイトルが内容のエッセンスを表現してくれているので、内容をきちんと理解することができれば、それほど許せないタイトルでもありません。この本の結論は、「禁欲的なプロテスタンティズムの倫理が、結果として資本主義の発展を促した」ということです。だから気をつけることがあるとしたら、タイトルは『プロテスタンティズムの倫理と資本主義の発展』ではなく『プロテスタンティズムの倫理と資本主義の精神』になっているよ、というところくらいです。（社会学の院生などはこの本のことを『プロテスタンティズムの倫理と資本主義の精神』の下線部から「プロ倫」と呼んでいました。響きが楽しく呼びやすいですね。）

なお、この本の発行は1904－05年と表記されます。1冊の本として公表されたのではなく、分割して発表されたため、このような表記になっています。

2 プロテスタントとカトリックの違い

プロテスタントは、キリスト教のグループの一つです。『自殺論』のところでも少しお話ししましたが、現在のキリスト教徒は大きく二つのグループに分かれます。カトリックとプロテスタントです。カトリックは、ローマ法王を頂点として世界各地に信者を持つ世界最大の教団とも言えます。プロテスタントは宗教改革を経て、カトリックから分かれました。大変おおざっぱに言いますと、ヨーロッパの北部アングロサクソン系はプロテスタント、南のスラブ系はカトリックが多いです。北欧の国々やアメリカ、イギリスではプロテスタントが多く、フランスやイタリア、スペインなどはカトリックが多いのです。

プロテスタントは、「抵抗する者」という意味です。何に抵抗するかといえばカトリックの堕落に対してです。宗教改革の起こる前、教会は地域の共同体のお世話をしていました。人は生まれてから死ぬまで、正確には死んでからも、地域の教会のお世話になります。一生を丸抱えされるのです。こうした共同体は、いわば運命共同体でもありました。良いときも悪いときも、皆で分かち合い助け合って生活してきたのです。ところが、一部の教会で堕落と見られても仕方のないことが起こります。たとえば免罪符の販売です。

免罪符は、文字通り罪を許されるお札のようなものです。このお札を買うと、教会にお金が入ります。そのお金は神様のために使われるお金です。神様のために使うお金を提供するのは、善行です。良いことをすれば、罪も許されます。そういう理屈で免罪符ができました。お金を集めるには、とても良い方法だと思います。お金を出す人も受け取る人も「神様のためのお金」ですから、気持ちよくやりとりができます。

しかしこれはよく考えるとおかしいですね。免罪符で本当に罪が許されるのなら、お金のない人よりもお金のある人の方が救われやすい、ということになってしまいます。結局、教会に都合の良いお金集めではないのか、という批判が起こります。そもそも教会や聖職者が特権を持つこと自体、おかしいのではないか。神の前では皆平等ではないのか、そうした考えを持つ人々が、宗教改革を進めていきました。

ですからプロテスタントは、教会や聖職者の特権を認めません。カトリックで一般の人々と神様の仲立ちをしていた教会ですが、プロテスタントでは一人一人の信者と神が直接結びつくことになります。また、カトリックでは神父や修道士、修道女といった聖職者は、一般の信者よりも上の立場にありました。神様のための聖なる仕事に従事しているのですからね。ところが、ルターは世俗の仕事（一般の農業や、ものつくり、商いなどです。「世俗」とは、教会や修道院等ある意味隔離された場所ではなく、一般の生活の場をいいます）も、神のための神に祝福された仕事だと主張します。世俗の日常労働は神が人に与えた「使命」であり、それに励むことは宗教的な意味を持つのです。また聖書の教えを忠実に守ることも、プロテスタントの特徴と言えます。

そんなプロテスタントの中に、「予定説」という特徴的な教えが登場します。唱えたのはカルヴァン（カルヴィンとも呼ばれます）です。ルターの名前と組にして覚えた人も多いのではないかと思います。あの人です。

「予定説」の要点は、次の通りです。神はあらかじめ、永遠の救いに至る人と永遠の滅びに至る人を決めている。神はあまりにも偉大な存在なので、私達人間は神の予定を知ることも変更することもできない、ということです。かなり過激な教えです。説明していきますね。

キリスト教の信者でない人も「最後の審判」という言葉ぐらいは、聞いたことがあるでしょう。ミケランジェロの絵を思い浮かべた人もいらっしゃるでしょうね。キリスト教の教義では、遠い未来に私達は皆キリストの前に出て「最後の審判」を受けることになっています。そして祝福を受けることができれば永遠の命を与えられ、断罪されれば永遠の滅びに至ることになります。当時の信者にとって「最後の審判」は、現代の一般的な日本人が考えるより、ずっと重いものだっただろうと想像できます。一般に、一生を通じて善行を積んできた人は救われ、悪行三昧といった人は滅びに至るのではないかと思いますよね。カトリックは少なくとも、善行を積むことを勧めます。それが行き過ぎて、免罪符が出てきてしまったわけですが。

ところが——。「予定説」では、善行は何の役にも立ちません。神様はあらかじめ救われる人、滅びに至る人を決めてしまっているからです。その上、私達は自分が救いに至る方に予定されているのか、滅びの方なのかを知ることもできません。神はあまりにも偉大で、私達はあまりにも無力だからです。これは客観的に見れば、かなり無茶な状態です。（註2）あまりにも卑近な例で恐縮ですが、たとえば大学受験で、大学のコンピュータがあらかじめ合格する人と不合格になる人を決めてしまっているような状態です。毎年ランダムに受験番号によって入学できるかどうかが決定されるのだとしたら、多くの人は受験勉強への意欲を失います。ごく一部のきわめて向上心の強い人をのぞけば、受験勉強の意義はなくなるでしょう。「予定説」の場合、ことの重みはもっと重大です。大学入学どころではなく、永遠の救いか滅びかというのですから。

信仰心をあまり持たない多くの日本人なら、「そんな教えを信じるのなら、何をしようが自由ではないか」と考えそうです。努力してもしなくても結果が変わらないなら、好き放題にした方が良いではないか、と。ところが「予定説」を信じる人達は、そんなふうには考えませんでした。確かに努力したからといって、それで救われるわけではない。でも、こんなにも努力できる自分は、救われるグループに入っているに違いない。そう考えて、せっせと努力したのです。そして、その努力が結果として資本主義を発展させることになっていきます。一体どんな努力でしょうか。次で見ていきましょう。

3 禁欲が資本主義を生み出した

先にお話しした通り「予定説」を信じる人達は、自分達は救われている側の人間だと確信したくて、せっせと努力を続けました。一体どんな努力でしょうか。生きることの全てを神に捧げたのです。生活の全て、一瞬一瞬を、神のための時間として過ごそうと努力しました。その鍵となるのが「禁欲」です。欲しがってはいけないのです。何を欲しがってはいけないのだと思いますか。「お楽しみ」です。全ては神様のためで、自分のためではありません。だから自分のための「お楽しみ」にあたることは、もってのほかであり、とんでもないのです。

もう少し詳しくお話ししましょう。プロテスタントは、世俗の職業に励むことを神の「使命」とします。ですから神に喜んでもらう生活とは、仕事を熱心にする生活、さらに言えば仕事を第一とする生活なのです。そこで美徳とされるのが「禁欲」です。神のための仕事を中心とする生活の邪魔になるものは、全て排除します。神のための仕事ではない「自分のためのお楽しみ」など、いらないばかりか、そのようなものを欲しがること自体、滅びの側の人間である証拠です。

生活の全ては、神のため、仕事のために捧げられます。たとえば服を着るのは、体を守り、作業能率を上げるためです。流行のおしゃれで自己表現をするなど、もってのほかですし、無駄な飾りなどで高価な衣服を買えば、それは神様のお金を無駄遣いしたことになります。食べるのは命を維持し、労働に備えるためです。だからおいしいものを食べる必要はありません。むしろ調理に使う時間を最小限にし、神のための労働に使うべきです。現代人のグルメや食べ放題、早食い競争などは、確実に滅びの約束された行為でしょう。住まいについても同様です。雨露がしのげて、寝る場所があればいいのですから、経営者であっても快適な「豪邸」を建てるなど、とんでもないことです。

だんだん、書いている方もしんどくなってきましたが、もう少し頑張りましょう。休むことも、次の労働に備えるためで「自分へのご褒美」などではありません。ですからできるだけ動かず、静かに過ごすのが正しい「安息」です。言うまでもなく、旅行やレジャーなど堕落以外の何ものでもありません。

セックスだってそうです。セックスは新たな労働力を生み出すため、つまり子どもをつくるための行為で、快楽のためのセックスなどあり得ません。「明日への活力」「自分へのご褒美」「愛の証」など、どれもとんでもない話で、不倫や援助交際など考えただけでも「滅び組確定」です。

どうです。生活を神に捧げるということがいかにすさまじいか、ほんの少しわかる気がしませんか。信仰がなければ、こんな生活は続きませんね。救いを確信するために、当時の熱心な信者達は、禁欲しつつ仕事に励んだのです。すると、どうなるでしょう。当然仕事ははかどります。儲けも出てきます。その儲けは彼らの信じるところによれば、救いの印です。神が熱心な仕事を喜んで、利益を与えてくれるのです。ですからその利益は、当然神のために使われます。どう使うのでしょう。仕事のために使います。事業を拡大したり、機械化、効率化を進めたり、とにかくより良く仕事ができるように、利潤を投入します。するとさらに利益が上がり、それを仕事に使うから効率化が進み……と、どんどん事業が大きくなっていくのです。これが資本主義の初期に見られた仕組みです。

　こういう禁欲の姿勢をウェーバーは「世俗内禁欲」と呼びました。勤勉に働いて、お金や時間を無駄にせず、仕事の能率を上げ、経営を合理化する。財産ができたり利益が生まれることも、仕事に打ち込むことと同じに「使命」と考えます。富を獲得することは「救いを確信する最良の手段」となるのです。熱心な仕事を喜んで、神が利益を与えて下さるのですから。

　念のため繰り返しますが、この人達は救われようとして仕事に励んだのではありません。仕事をしてもしなくても、神の予定は変わりません。でも「予定説」を信じた人達は、自分達が救われていることを確信したかったのです。だから過酷とも言える禁欲に熱心に取り組みました。神様のためにこんなにもがんばれる自分は絶対に救われているんだと、信じたかったからです。

なお言うまでもありませんが、「予定説」を信じた人達が、皆成功したわけではありません。また創業者の代はともかく、厳しい禁欲がいつまでも続くはずもありません。孫の代になると多くのケースで、良くも悪くも方針転換が起こります。うまく事業がスタートしても、変わらず栄える家や会社もあれば、没落する家、倒産する会社も出てきます。経営次第で、事業は簡単に変わってゆくのです。

4 知っておいて欲しいこと

信仰とお金儲け――一見結びつきそうにないこの二つがつながっていく仕組みを、おわかりいただけたことと思います。私達の違和感は、実はお金の持つ二面性に基づいています。お金はとても便利なものです。多すぎると困ることもあるのでしょうが、普通の人にとってお金はたくさんあると嬉しいものです。でも「お金が大好き」と人の前で宣言するのは、何だか恥ずかしい気がしませんか。お金は「欲の象徴」のような性質を持つので、「お金が大好き」というと「自分は欲張りです」と言っているようで、気が引けるのです。ところが「予定説」を信じる人達にとって、お金は「祝福の証」でした。仕事に打ち込んでいることを、神様が喜んで下さるからこそ（そして永遠の救いが約束されているからこそ）利益が出るのです。この人達にとってお金は「聖なるもの」

であり、信仰と結びつくのは当然だったのです。（註3）

ウェーバーとデュルケムの考え方の違いについても、少し触れておきましょう。デュルケムは自殺という行為を（個人を超えた）社会的な原因に注目して考えました。ウェーバーは、なぜそんなにも熱心に禁欲したのかといった個人の動機を重視しますので、彼の考え方は「理解社会学」とか「方法論的個人主義」と呼ばれます。個人の動機や行為から、社会のあり方を考える立場ですね。これに対して、社会を個人とは別の独自の存在として考えるデュルケムの立場は「方法論的社会主義」と呼ばれます。乱暴にまとめるのは少し気が引けますが、個人重視のウェーバー、社会重視のデュルケムといったところでしょうか。本当はこう単純には言えないのですが、こうした呼び方が公務員等の一般教養の試験には時折出ていますので、覚えていただけたらと思います。

また、気をつけていただきたいことを少し。ルターにしてもカルヴァンにしても信者達にしても、きっと誰一人資本主義を発展させようという意図はなかったはずです。望んだのはあくまで宗教的な救済だったと思われます。でも意図と結果にずれが生じました。こうしたことはよくありますね。親切のつもりでしたことが、相手に迷惑をかけてしまったり、好意が伝わらず相手を怒らせてしまったり。個人のレベルではなく、国のレベルになると、もっと大きなことが起こります。理想の社会を作ろうとして恐怖政治をしてしまった例は、歴史上にいくつも見ることができますね。意図や目的と結果は必ずしも一致しません。むしろ目的通りの結果になるケースは、実は少ないかもしれません。このことをウェーバーは「歴史はアイロニー（皮肉）に満ちている」と言っています。

☞註

1. ウェーバーは、企業や大きな商店の経営者など、資本主義的な成功者にプロテスタントが明らかに多い、という統計的事実からスタートしました。

2. 客観的に見ればかなり強引な教えですが、この教えを信じる人にとっては、これほど心強いものはありません。この教えを信じる人は基本的に、自分は救われる方に入っていると思える人です。滅びの方かも、と思うなら、こんな教えは信じないでしょうから。私は「自信と安心」が良く生きるためにとても大切だと考えていますが、この両方を充分に満たしてくれる教えです。神によって永遠に救われる方に選ばれているとしたら、これは大変な自信になります。自分は永遠の救いに値する人間で、それを神に保証されているのです。また、この予定は変わることがありません。どんなことがあっても最終的には救いが約束されていると信じられるのは、一生を通じて大いなる安心感を与えてくれるものと思われます。

3. 他にも、大好きというのは気が引けるけど実は多くの人が好きなものには、二面性が与えられます。たとえば女性は（特に売春に従事した女性は）さげすまれることも多いのですが、聖女として奉られることも珍しくありません。

まとめ

❶ ウェーバーの『プロテスタンティズムの倫理と資本主義の精神』（1904－05）

ウェーバーはドイツの社会学者で、デュルケムと並ぶ社会学の巨人。

この本の結論は、「禁欲的なプロテスタンティズムの倫理が、結果として資本主義の発展を促した」ということ。

❷ プロテスタントとカトリックの違い

カトリックは、世界最大の教団。プロテスタントは宗教改革を経て、カトリックから分かれた。

プロテスタントは、教会や聖職者の特権を認めない。世俗の日常労働は神が人に与えた「使命」であり、それに励むことは宗教的な意味を持つ。

カルヴァンの「予定説」の要点は、次の通り。神はあらかじめ、永遠の救いに至る人と永遠の滅びに至る人を決めている。神はあまりにも偉大な存在なので、人間は神の予定を知ることも変更することもできない。

❸ 禁欲が資本主義を生み出した

救いを確信するために、当時の熱心な信者達は、禁欲しつつ仕事に励んだ。「世俗内禁欲」

富を獲得することは「救いを確信する最良の手段」。

勤勉に働いて、お金や時間を無駄にせず、仕事の能率を上げ、経営を合理化。これが資本主義の初期に見られた仕組み。

❹ 知っておいて欲しいこと

お金には二面性がある。「欲の象徴」のような性質と「聖なるもの」。

ウェーバーの「理解社会学」「方法論的個人主義」。デュルケムの「方法論的社会主義」。

「歴史はアイロニー（皮肉）に満ちている。」行為の意図や目的と結果は必ずしも一致しない。

おすすめの本

M. ヴェーバー（大塚久雄訳）『プロテスタンティズムの倫理と資本主義の精神　改訳』岩波文庫、1989年

格調高い前の訳もかっこよかったのですが、解説が丁寧で読みやすくなったと思います。なお、この本では著者の名がウェーバーではなく、ヴェーバーになっています。Weberは英語読みにするとウェーバーですが、本来のドイツ語の音はヴェーバーなのです。

第9章 フロムの『自由からの逃走』

✦その1✦

1 なぜ戦争が起こるのか

突然ですが、戦争はどうして起こるんでしょう。きっと皆さん考えたことがありますね。戦争が起きるとろくなことがありません。人がたくさん亡くなります。怪我をしたり、障害を負う人も、多いです。辛い思い悲しい思いをする人がたくさんいて、国土がめちゃくちゃになり、経済的な損失も大変なものです。それでも戦争はなかなかなくなりません。おかしいですよね。

小学生のうちからきっとみんないろいろ考えています。平和学習で語り部さんのお話を聞いたり、本やビデオから学んだり、いろいろ考えて作文を書いたりしましたね。命の大切さを忘れないようにしたい、と書いた人もいるでしょう。平和はまず身近なところから始めようと思った人もいるでしょう。いじめをしないことや、周りの人とできれば仲良くすることを目標に頑張ってきた人も多いはずです。自分さえ良かったらといった自分勝手をしないことが大切だと思った人もあるでしょうね。みんな正しいです。本当に大切なことは、子ども達がよく知っています。私達は自分の中にある子どもの心を大切にしなければなりません。

かなり青臭いのですが、私は、戦争がなぜ起こるか知りたくて大学に進みました。理性的なはずの人間が集まって、どうしておかしな結果が生まれるのだろう。人間は賢いはずなのに、どうして戦争をするのだろう。これが私の疑問でした。なぜ戦争が起こるかという問いには、あっさり答えが出ました。1年生の春学期です。

前後のシチュエーションがどうしても思い出せないし、お答え下さった先生のお顔もお名前も忘れてしまった（本当に失礼な話です）のですが、私が「どうして戦争が起きるかが知りたくて大学に来ました」というような話をしたら、「それはとても簡単なことだよ。戦争があると得をする人が、権力に近いところにいるからだよ」と教えて下さいました。この答えは、すとんと心に収まりました。その通りだと思いました。今まで見てきたどんな答えより、私には説得力のあるものでした。

大学に来た理由の一つがあっさり解決されたのですが、さらに「なぜナチスは力を持つことができたんでしょう。20世紀になって大量虐殺が起こったのはなぜでしょう」と続けてお尋ねすると、この章と次の章でお話しする『自由からの逃走』を読むと良いとアドバイスをいただきました。夏休みに読んで、私の疑問はかなり解消されました。でも完全に、ではありません。

今もわからないままのことがあります。「理性的なはずの人間が集まって、どうしておかしな結果が生まれるのだろう」というものです。「理性的なはずの」は誤解ですね。人間は決して理性的ではありません。むしろ理性的でいられるのは珍しいと思う方が良いかもしれないくらいです。自分自身だってなかなか思い通りにはなりませんものね。でも、人と人が集まってできる場の力とでも言えるものには、大変なパワーがあると思います。1プラス1プラス1はもちろん3ですが、これが6や7になることもあれば、0やマイナスになることだってあります。人が集まると、良い方向にも悪い方向にも進むし、力の相乗効果が起きることもあれば打ち消し合うことだってあります。何が良くて何が悪いかは簡単には決められませんが、たとえばチームプレーのスポーツなら、お互いの力を生かして相乗効果が生まれると良いですよね。人と人が集まることの面白さについては、ずっと考えていきたいし、できればその力の効果的な使い方がわかればいいなとも思っています。（註1）

2　フロムの『自由からの逃走』

少し前置きが長くなりましたが、皆さんはホロコーストを知っていますか。大量虐殺を指す一般名詞として使われるようになった言葉ですが、第2次世界大戦中に組織的に、ユダヤ人の根絶を意図して行われた虐殺をいいます。(註2) ある民族を地上から消してしまおうという、とんでもなく野蛮な意志で行われた大量殺人です。被害者は約600万人と言われていますが、正確な数はわかりません。一族が皆被害者といった例も数多く、また収容所のガス室で殺された人だけが被害者ではないからです。劣悪な貨物列車での移動中に亡くなった人もあったし、収容所から解放されて自殺した人も少なくないし、リンチで殺された人もありました。とにかく大変な数の人達が、ユダヤ人だというだけで殺されたのです。

ヨーロッパ各地に作られた収容所に入れられたのは、ユダヤ人だけではありません。各地を移動するロマ族（かつてジプシーと呼ばれた人達です）や、捕虜、政治犯、障害のある人達、同性愛者などが収容所に送られ、多くの人が命を奪われました。収容所は、全てが殺害を目的としていたわけではありませんが、劣悪な環境で亡くなる人がたくさんありました。生き延びた人も体や心に深い傷を負いました。

フロムは、ユダヤ系のドイツ人です。1900年に生まれ、1934年にアメリカに渡っています。（その前の年33年にヒトラー内閣が成立しました。）『自由からの逃走』は1941年にアメリカで出版されました。人々がなぜ、自由を捨て、ナチスを支持するようになったのかを分析したものです。ナチスを支持するということは、自由を捨てて、国家に従うということです。今、自由と民主主義をうたう日本に暮らす私達には、納得しにくいことです。個人の自由よりも、国を守り国のために働くことを大切にしようというのです。民主主義は、極端に言えば、国よりも個人を大切にする考え方です。それに対して、ナチスをはじめとする全体主義の国家は、まず国が第一で国民は国家に奉仕すべきであると考えるのです。

ここで1941年という時期に注目してみましょう。この年の12月、日本は真珠湾を攻撃して、日米戦争に突入します。第2次世界大戦がいよいよ拡大していく時期なのです。ナチスがユダヤ人を大量に収容所に移送し始めるのは、もう少し先になります。過去を振り返って分析したのではなく、今起こりつつあること、同時代の動きについて考えた、ジャーナリスティックな性格を持つ本なのです。

先にこの本は、移住先のアメリカで出版されたと書きました。フロムはドイツに住んでいたユダヤ人です。自由意志でアメリカに渡ったわけですが、もしドイツに残っていたとしたら、どうなったと思いますか。どこかの収容所に送られて、命を落とす危険性が高かったはずです。私達は、ユダヤ人の被害というと、収容所のことを考えますが、それまでにヨーロッパ各地で、ユダヤ人に対する迫害が始まっていました。ゲットーと呼ばれる狭い区域に移住させられたり、一目でわかるような目印を服に付けることを強制されたり、公共の場所でユダヤ人以外の人と交じらないよう命じられたり、といろいろなことがありました。何よりあるときまで親しくしていた人達から、避けられたり、冷たくされたりということが起こりました。

ちょっと想像してみて下さい。たとえば、「〇〇（皆さんの生まれた都道府県名を入れて考えて下さいね）生まれの人間は下品で、他の住民に悪い影響を与える。〇〇生まれの人間を掃除して、きれいな町を作ろう」という運動が日本中に広がったとしたら——。まずは、腹が立ちますね。何を根拠に自分達を悪の根元のように言うのか。〇〇生まれの人間は絶対に悪くありません。だいたい、生まれはどうしようもありません。自分に責任のないことで責められても困ります。それから悲しくなります。昨日まで親しくしていた人達が、もしかしたら「〇〇生まれのあなたとは、もう付き合えない」と言うかもしれません。もっと積極的に「彼は、彼女は〇〇生まれらしいよ」と言ってまわるかもしれません。さらに、いつまでも悲しがっているわけにはいかなくなります。自衛手段を考えないと、今度は自分や家族の命が危なくなります。「〇〇生まれの人間を掃除して、きれいな町を作ろう」と日本中で言われるのですから。

こんな馬鹿げた運動は、未来永劫起こってはいけません。でもそれが起きたのが、ユダヤ人の虐殺だし、残念ながら似たようなことが21世紀の今も、私達からは少し距離のあるところで起こっています。このことを皆さんには覚えておいていただきたいと思います。日本に住む私達は、確かに厳しい状況にあります。就職先が決まらない先輩もあるし、大人達は長時間労働で疲れ切っているし。でも、幸いなことに殺し合いが日常になってはいません。大学で学ぶことのできる皆さんは、世界的な規模で考えれば、大変な幸運の持ち主です。幸せな人には、周りにも幸せを広げる義務があります。学ぶことにも責任があります。辛い立場にある人達のことを想像する力を持っていただきたいのです。もっともらしい理屈で、こんな馬鹿げた運動に巻き込まれないためにも。

フロムはまさにこうした運動の広がりを体験しました。悔しく悲しかったに違いありません。アメリカに渡り自身の安全が確保された後も、故郷の友人、知人を思うと、胸が痛かったのではないかと思います。その人がユダヤ人であれば、置かれているであろう辛い立場を想像して。その人がユダヤ人でなければ、もしかしたら自分を含むユダヤ人を憎んでいるかもしれないと考えて。当然腹立ちもあったでしょう。『自由からの逃走』は、とにかく何とかしたいと切迫した気持ちで書かれた本だと私は想像しています。

3 『自由からの逃走』を理解するために

これまでにも少し触れてきたことですが、いくつかの問題について整理しておきましょう。まずは、ファシズムについて。

狭い意味でのファシズムは、1922年から43年までイタリアを支配したムソリーニの考え方や政治のやり方です。ムソリーニの政党がファシスト党でしたから、そこからファシズムと呼ばれるようになりました。これとよく似た政治のやり方が、第１次世界大戦から第２次世界大戦の間にいくつかの国で起こりました。これらも広い意味でファシズムといっています。ドイツ、スペイン、日本の当時の体制がファシズムだとされています。

一般にファシズムは、議会による話し合いの政治ではなく、一党独裁の体制を取ります。自由主義、共産主義、国際主義が否定され、全体主義、軍国主義が進められます。自由なものの考え方や、他の国と協力してやっていこうという姿勢は否定されます。全体主義というのは、個人ではなく、たとえば国家に価値を置く考え方です。軍国主義とは文字通り、軍隊が国家を支配する考え方です。ですから、全体主義と軍国主義が一緒になると、個人の自由ではなく、国家への奉仕を国民に求めるようになります。

日本は、第2次世界大戦をドイツ、イタリアと組んで、アメリカやイギリス、フランス等の国々（連合国といいます）と戦いました。連合国側は「この戦いは、ファシズムと民主主義の戦いだ。絶対に負けるわけにはいかない」と宣伝しました。先ほど少しだけ触れましたが、民主主義が極端に言えば、国よりも個人に重きを置く考え方だとすれば、ファシズムの考え方は、国民は国家に奉仕すべきものということになります。

もう一つは、『自殺論』のところで触れた自由と孤独の問題です。自由は、実は孤独の別名でもあります。幸せな人や強い人は、自由でありながら孤独を感じずに済むこともあります。ですから、こういう人にとっては、自由はほぼ無条件に良いものです。でも、辛い立場にある人や弱い立場にある人にとって、自由は役に立たないばかりではなく、幸せの邪魔をするいらないものになることもあります。

自由は、私達のイメージでは何でも好きにして良いというものです。ただし、きちんと責任を取ることさえできれば。時々わがままと自由を混同している人がありますが、自由と責任はワンセットになっています。好きにしたことの始末は自分でつけないといけないよ、ということです。好き勝手をして、不都合が起きたら人に何とかしてもらうような人には、自由は必要ありません。自分で自分の管理ができないなら、自由は重いだけでいらないのです。

自由とは、自分の面倒を自分でみるということです。国が私達に自由にして良いよと言ってくれるのは、ありがたい話ですが、だから後は知らないよとなっても文句は言えません。(今の日本は、私達の自由を認めつつ、面倒も見てくれますから、なかなか親切な国だと思いますが、あちこちにいい顔をするために借金が大変なことになっています。)それでは困るから、自由は捨てる。かわりに面倒を見てくれる制度を期待したのが、当時のドイツの国民だったわけです。ヒトラーは実に上手に、みんなをその気にさせました。詳しくは、次の章でお話しします。

4 自由を捨てた人達

自ら喜んで自由を捨てたのは、当時のドイツの国民だけではありません。第8章でお話しした『プロテスタンティズムの倫理と資本主義の精神』に出てきた、予定説を信じた人々が、まさに喜んで自由を捨てました。

プロテスタントの信仰は、神と人が直接向き合う純粋なものです。教会や牧師の介入は、必要ありません。人は一人一人直接神と対話し、結びつくことができます。ところが、このあり方は、共同体の結びつきを弱くすることになりました。カトリックは、教会が神と人との結びつきを取り持っていたし、地域のまとめ役でもあったので、人々は地域のネットワークの中に生活していました。でも、純粋な信仰は、神と人がそれぞれバラバラに結びつき、人と人との結びつきを必要としないため、信者は孤独になったのです。

『自殺論』のところでもお話ししましたが、信仰心の強い人はそれでも良いのですが、多くの人には孤独が辛いときもあるのです。で、どうなったのか。孤独が辛いとき、人は自由を捨てます。正確に言うと、孤独な自由よりも、「(多少無茶な)命令をしても、自信や安心をくれるもの」を選びます。「自信」や「安心」は、ときに自由よりも必要とされる場合があるのです。プロテスタントの信仰は、元々とても自由なものでした。誰にも強制されない、純粋な信仰です。ただそれが神と自分だけの、孤独なものであったために、「命令してでも、守ってくれるもの」が欲しくなったのです。

前回お話ししましたが、客観的に見れば、予定説の神様はかなり横暴です。救われる人と滅びに至る人を勝手に決めてしまうし、予定を変えるつもりもないし、人々に救われるかどうか、知らせるつもりもありません。そしてただただ勤勉に働くことを期待するのです。最初私は、何という神様だと呆れました。でも信じる人にとって、これほど嬉しいことはないだろうとも思いました。なぜなら、信者達ははじめから祝福されていて、永遠の救いが約束されているのですから。神様に選ばれたという事実は「自信」のもとになります。永遠の救いを信じられれば、どんなことが起ころうと「安心」です。人がより良く生きるために必要な自信と安心を、この神様は保証して下さるのです。

念のためにもう一度言いますが、この神様は努力したからといって救って下さるわけではありません。信者達は、こんなにも神様のためにがんばれる自分はきっと救われているに違いないと信じたくて、生活の全てで禁欲したのです。プロテスタントの信仰は元々とても個人的なものだし、自由でした。でも、とても孤独な信仰でもありました。一般の人は、なかなか目に見えない神様と共にあることを実感しにくいものですから。そこへ、予定説が現れました。一人では実感しにくい自信と安心が保証されるのですから、孤独を感じていた人達にとっては、とても心強かっただろうと思われます。神様が喜んで下さっていると信じて、信者達は自由ではなく、生活を捧げることを選んだのでした。

☞註

1. このことについて考えた成果の一つが、拙著『日本企業における「和」の機能』(大阪大学出版会、2010年)です。一般書として書きましたので、皆さんにも十分理解していただけると思います。

2. 20世紀は後に、大量虐殺の世紀として記憶されるかもしれません。ソ連ではスターリンが、カンボジアではポルポト派が、邪魔になると判断した人達を大量に処刑しました。旧ユーゴやアフリカ各地では、それまで共存していた民族同士の激しい殺し合いがありました。「エスニック・クレンジング（民族浄化）」というおぞましい呪文が、力を持ってしまいました。

まとめ

❶ なぜ戦争が起こるのか

戦争があると得をする人が、権力に近いところにいるから。

人と人が集まってできる力の不思議。

❷ フロムの『自由からの逃走』

ホロコーストは、第２次世界大戦中に、ユダヤ人の根絶を意図して行われた虐殺。

フロムは、ユダヤ系のドイツ人。

『自由からの逃走』は1941年にアメリカで出版された。

人々がなぜ、自由を捨て、ナチスを支持するようになったのかを分析したもの。

❸『自由からの逃走』を理解するために

一般にファシズムは、議会による話し合いの政治ではなく、一党独裁の体制を取る。

自由主義、共産主義、国際主義が否定され、全体主義、軍国主義が進められる。

国家への奉仕を国民に求める。

自由は、実は孤独の別名。

辛い立場にある人にとって自由は、幸せの邪魔をするいらないものになることも。

人はときに自由を捨て、大きなものに寄りかかる。

❹ 自由を捨てた人達

自ら喜んで自由を捨てたのは、当時のドイツの国民だけではない。

予定説を信じた人々が、まさに喜んで自由を捨てた。『プロテスタンティズムの倫理と資本主義の精神』

人はときに、孤独な自由よりも「(多少無茶な) 命令をしても、自信や安心をくれるもの」を選ぶ。

おすすめの本

姜尚中、森達也『戦争の世紀を超えて』集英社文庫、2010年

姜さんと森さんが、アウシュビッツをはじめ、虐殺や戦いのあった現場で語り合った記録です。少し歯ごたえがあるかもしれませんが、多くを学べる本だと思います。頭の中だけで理屈をこねるのではなく、現場に立つことの意味が伝わります。実際に足を運んで、その場所を体験したくなるかもしれませんね。

ブルッフフェルド、レヴィーン、中村綾乃（高田ゆみ子訳）『語り伝えよ、子どもたちに』みすず書房、2002年

スウェーデン政府が、国民に正しくホロコーストの事実を伝えるために作った本の日本語版です。子ども達に読んでもらうことを前提としたものなので、とてもわかりやすいのですが、辛い事実についても隠すことなく書かれています。読み進めるには気力が必要ですが、すこしずつで良いですから、若い皆さんには是非読んで、感じ、学び、考えていただきたいと思います。

E.フロム（日高六郎訳）『自由からの逃走 新版』東京創元社、1965年

少し難しいところもありますが、ゆっくり考えながら読んでいただけたらと思います。私がお話しすることがほんの一部であり、他にも魅力的なところのあることをおわかりいただけます。

八木宏美『違和感のイタリア』新曜社、2008年

おしゃれと美食の国で、旅行先として人気のイタリアですが、知らないことがたくさんあります。ファシズムや、カトリックについても教えてくれます。

第10章

フロムの『自由からの逃走』

✦その2✦

1 第1次世界大戦後のドイツとナチス

ドイツは、第１次世界大戦で負けました。戦争に負けると、いろいろ大変なことがあります。中でも賠償金の支払いは大きな負担になります。戦争に負けたのだから、国の経済状態が良いはずはありません。そこに莫大な賠償金を支払わなければならないのだから、復興は難しくなります。この時期のドイツをかなり乱暴に表現すれば、政治制度としては民主的で、経済状況はがたがたでした。

意外に思われるかもしれませんが、この時代のドイツは民主主義的な体制を取っていました。ワイマール共和制（1919－33）と呼ばれます。自由があり、文化も成熟しました。ところがこの時代は長く続きませんでした。経済的には、大変苦しかったからです。

先に述べたように、ドイツは第１次世界大戦で負けて、賠償金を払うよう言われていました。それも大変な金額です。失業者が出るし、中産階級は没落していきました。そこへ追い打ちをかけることが起こります。1929年の世界恐慌です。アメリカから始まった不況は、ドイツにも影響を与えました。徐々に立ち直りかけていた経済状況は再び悪くなり、失業者がさらに増え、銀行や会社がいくつも倒産しました。国家経済がほぼ破綻状態に陥ったとき、ナチスが選挙で多数の議席を獲得し、1933年ヒトラー内閣が成立したのです。

ナチスの正式な名前は「国家社会主義ドイツ労働者党」です。（ナチスは略称、それも馬鹿にしたニュアンスがあるので、彼らは自分達をナチスとは言いませんでした。）名前からもわかるように、労働者を大切にしようという政党でしたから、経済政策も、まず労働者の生活を立て直すところから始められました。アウトバーンと呼ばれる自動車道路を整備するなど、公共事業をたくさん興し、仕事を増やしました。（註1）それも機械化するのではなく、あえて人の手を使うようにしました。できるだけ多くの人に仕事を与えるためです。また民間に重工業を興すよう指導しました。国内に道路網を整備しようとすると、たくさん人手がいりますし物資も必要です。仕事が増え、物やお金が回り出すと、沈滞していた国に活気が戻ります。また、大きな機械等を自分達で用意できるようになると、産業の発展も期待できます。

他にも、中小企業にお金を貸したり、零細農家にお金を出したりしました。生活保護を拡大し、高等教育をタダにしたりもしました。多くの人が喜んだでしょうが、ばらまきですね。どこからお金を用意するつもりだったのでしょう。それで全てがまかなえるわけではありませんが、ユダヤ人の持つお金は魅力的でした。だから大企業への増税と、労働者への減税を行いました。また高利貸しを追放しました。高利貸しとは、高い利息を取ってお金を貸すことです。多くはユダヤ人が、この仕事をしていました。こうした政策を通じてナチスは、これまでの辛い生活はユダヤ人のせいだと思わせることにも成功したのです。物事がうまくいかないとき、外部に敵を作って不満のはけ口にするのはよくある話ですが、このときはユダヤ人がターゲットになりました。

ナチスとヒトラーは、恐怖政治で、無理矢理権力を握ったのではありません。国民の熱い支持を受けて政権の座に着き、喜ばれる政策を次々実現していったのです。生活が不安定で、食べるものの心配をしなければならない自由など、人は喜びません。ナチスは、まず仕事を与え、生活を安定させてくれました。これは大きな安心です。さらに、ドイツ国民の多数派である北方系ゲルマン人は、世界で一番優秀な民族だとプライドをくすぐりました。だから世界を私達の手で解放するのだと言われれば、悪い気はしません。またお金があって、良い暮らしをしていたユダヤ人は、自分達より民族としては下等であるというのも、優越感を持てて良かったのだろうと思います。自分達は世界で一番優れた民族であるというのは、大変な自信になります。予定説もそうですが、客観的な正当性がどうであれ、生まれつきで一生変わらないところがほめられることは、最強の自信につながります。ナチスとヒトラーは、ドイツの国民に自信と安心を保証し、ある時期までとてもうまく人々を幸せにしたのです。

2 再び『自由からの逃走』

『自由からの逃走』は、ドイツのナチズム（国家社会主義）についての研究です。前回お話ししたように、人々がなぜ自由を捨て、ナチスを支持するようになったのかを分析したものです。政治や経済について考えるだけでなく、「人間的な問題」を理解することが大切だとフロムは考えました。

ワイマール共和制は、確かに自由でした。国に、国民の自由を制限するような力がなかったからでもありますが。だから力のある人達は国を当てにせず、新たに事業を興したりして、その自由を存分に生かしました。成功者にユダヤ人が多かったことはいうまでもありません。ですが、多くの人々は不安でした。経済状況は良くないし、仕事はなくなるし、自分達は一体どうなるのだろうと心配でした。これまで確かだと思っていたものが、壊れていくのを見ていたからです。君主制は崩壊したし、宗教や伝統的な道徳は力を失っていくし、父親を中心としてきた家族制度も揺らいでいるし、だんだん誇りが持てなくなってきていました。この人達にとって、自由はあまりいいものではありませんでした。

そこに登場したのがヒトラーのナチスでした。自信も安心も失い、途方に暮れていた人達に、生活を保障して自信と安心を取り戻したのですから、熱狂的に支持されたのも当然でしょう。

フロムは、「ドイツの下層中産階級の権威主義的性格こそが、ナチズムの人間的基盤である」と考えました。「人間的基盤」とは実にうまい言い方です。原因ではないが、「それなしにナチズムは発展することができなかった」ものを、フロムは「人間的基盤」と呼びました。そしてそれが「ドイツの下層中産階級の権威主義的性格」だというのです。

「権威主義的性格」とは、権威つまり偉いとされる人やものが好きで、できるなら自分が権威になりたいと考えるような性格をいいます。このような人は、立場が上の人には気に入られるような振る舞いをし、立場が下の人には偉そうにします。身もふたもない言い方をすると、上には媚びて下には威張るのです。かなりイヤな、あまり側にいて欲しくないタイプです。

フロムは、当時のドイツの下層中産階級の社会的性格を、「権威主義的性格」と名付けました。ナチズムを歓迎したこの人達には、自由の重さを捨てて、新しく寄りかかれるものを求めやすい性質があると考え、頼らせ命令してくれるものを好むところから「権威主義的性格」としたのです。「社会的性格」とは、あるグループの人々にほぼ共通に見られる性質をいいます。職人気質と言ったり、国民性が話題になったりしますね。(註2)大学によるカラーも多少はあるでしょうし、たとえば教員の社会的性格は、「知りたがり屋で教えたがり屋」といったところかな、と思います。人に何かを教える仕事をしている人はたいてい、自分も新しいことを見たり聞いたりするのが好きで、わからないことがあると気になります。面白いことがあると、すぐ人にも教えたくなるのです。好奇心旺盛でお節介なのですね。基本的に楽しい人が多いと思いますが、度を超すと煙たがられてしまいます。

話を戻しますと、フロムは当時のドイツの下層中産階級は権威主義的だった、つまり偉いものや人が好きで、自分もできれば偉くなりたいと思っているような人達だったと書いています。そして、だからこそナチスが台頭したのだというのです。これは確かにその通りでしょう。ナチスは人々の「権威主義的性格」に、実にうまくアピールしました。「世界に冠たるドイツ」なのです。世界で一番優秀な民族だと言われると悪い気はしないし、だから世界の人々を導いていかねばならないと続けば「あんたについていくよ！」と思ってしまいます。

「下層中産階級」とは、小さな商店主や職人、会社勤めをしている人々だそうですが、「一般大衆」と置き換えることも可能でしょう。数が多く、深く物事を考えず、周りに流されやすい人々のことだと理解できます。

3 『自由からの逃走』に学ぶこと

フロムは、自由の持つ意味合いから始め、ナチスの主義主張や、人々の権威主義的性格から、ナチズムの発展を説明しました。事情はわかったけれど、自分達とは関係ないと思いそうですね。私達はともすれば、ナチスや当時のドイツの人々のことを、馬鹿にしがちです。頭のおかしな指導者と、考えなしにそれに乗せられた愚かな人々といったイメージで。自分達はそれほど考えなしではないし、遠いドイツの昔の話として、切り捨ててしまいそうです。でも——。

少し想像してみて下さい。私達が当時のドイツ人で、国の経済状況が破綻しかけたときにナチスが雇用を保障し経済を立て直しますと言ったらどうでしょう。その時半信半疑でも、実際に公共事業が進み、国が活気づいていくのを見たらどうでしょう。また自信を失いかけていたときに「私達は世界で一番優秀な民族なのだ」と言われたら、だから世界を導いていかねばならないのだとたたみかけられたら——きっと多くの人々は、喜んでナチスを支持するに違いないのです。私自身「自分は騙されない」とは言えません。「騙される」という言い方は、当時の人々に対して失礼ですが。

あえて、言います。私達は実に騙されやすいのです。そのことを忘れてはいけません。そして騙されやすいからこそ、学ぶ必要があるのです。私達は失敗します。それは仕方がありません。でも、他の人の失敗から学ぶことができるのに、怠けていてはいけません。生まれる前の過去に対して責任があるかと問われたら、それは違うと私は思います。でも過去から学ぶことは必要です。他の誰でもなく、自分達の幸せのために。理解できないものを「関係ない」と切り捨てることは、自分の世界を狭くしてしまいます。ものごとは、見る角度が変われば、全く別のものに見えます。ものごとを一面からだけ見ない、もっと他の見方はないかと心がけるだけでも、間違う危険性は少なくなりますし、深く見通す目を育てることになると思います。

ファシズムやナチズムは、決して私達と無関係ではありません。自分達の心にも、自由から逃げ出す弱さや、異質なものを排除しようとする狭さがあるかもしれないと意識できる方がいいと思います。

「社会的性格」については、リースマンの『孤独な群衆』(1950)を知っておかれる方が良いと思います。試験に時々出るのです。主にアメリカ中産階級の社会的性格が、時代の変化と共に変わっていくことを述べたものです。

資本主義以前の共同体社会では、伝統や慣習に忠実に従う「伝統指向型」の性格類型が支配的だとされます。資本主義以前の共同体社会とは、たとえばヨーロッパの中世や未開社会のことです。やがて資本主義が発達し、近代的な市民社会が成立すると、自分の信念や良心に従う「内部指向型」のタイプが中心になります。このタイプはなかなか個性的で、仕事にエネルギーを集中するので、仕事中心の社会によく適応できます。

さらに時代が進み、仕事よりも消費やレジャー、人間関係に重点が移るようになると、周囲の人やメディアで見る人をモデルにする「他人指向型」が、多数を占めるようになります。このタイプは自分の信念を貫くよりも、周りに合わせてうまくやっていくことに価値を見出すというのです。何だか21世紀初めの日本の話のようではありませんか？

リースマンは時代につれて「伝統指向型」から「内部指向型」、さらに「他人指向型」へと支配的なタイプが変わっていくと論じました。また1950年の時点で、これからは「他人指向型」の時代になると予測しました。世の中の変化につれて、多数派になる社会的性格も変わっていくわけですが、『自由からの逃走』で確認したように、社会的性格が社会を動かす力にもなるのです。

☞註

1. 道路網を全国に張り巡らせるという壮大な計画は、第２次世界大戦をはさんで、完成までに長い時間を必要としましたが、ドイツの戦後復興や発展に大変役に立ちました。物や人の流れを良くするのは、地域の発展のために欠かせません。ドイツには有名な自動車会社がいくつもありますが、アウトバーンにふさわしい走りができる自動車を作ろうとして、性能を上げてきたのだとも言われています。

2. 国民性はよく笑いのネタとして取り上げられます。タイタニックジョークもその一つです。豪華客船タイタニックが沈むとき、人数分の救命胴衣がなく、各国の男達に女性や子ども、老人に救命胴衣を譲るよう（彼らのために命を落とすことになります）説得するなら、という設定です。アメリカ人には「これであなたはヒーローになれます」。スペイン人には「これが男というものだ」。イギリス人には「女王陛下の名誉のために」。ドイツ人には「そういうルールです」。フランス人には「これが愛の形だ」。そして日本人には「皆さん、そうされます」なのだそうです。実際の男達がどうだというより、そういうイメージを持たれているのだということがよくわかりますね。

まとめ

❶ 第1次世界大戦後のドイツとナチス

敗戦国のドイツでは、政治制度は民主的で、経済状況は良くなかった。

ナチスの正式な名前は「国家社会主義ドイツ労働者党」。

ナチスは自由に不安や孤独を感じていた労働者に、生活の安定と誇りを与えた。

❷ 再び『自由からの逃走』

フロムは「人間的な問題」を理解することが大切だと考えた。

ドイツ下層中産階級の権威主義的性格が、ナチズムの人間的基盤。

フロムは「社会的性格」を、ナチズム分析の道具とした。

❸『自由からの逃走』に学ぶこと

ものごとは、見る角度が変われば、全く別のものに見える。

ファシズムやナチズムは、決して私達と無関係ではない。

おすすめの本

皆川博子『総統の子ら』集英社、2003年

ここに紹介するのは珍しい、お話の本です。とても丁寧に調べた上で書かれています。ＳＳと呼ばれるナチスの親衛隊に入った少年達の物語です。彼らは当時のエリートでした。物事にはいくつもの見方があること、正義は常に勝者の立場から語られることを思います。読書が好きな人は是非どうぞ。１冊の本で少し大人になった自分が実感できます。集英社から３分冊の文庫になっています。

D. リースマン（加藤秀俊訳）『孤独な群衆』みすず書房、1964年

要点だけをお話しすると、何ということのない本のようですが、大胆に見える分析がどのようになされたのかがおわかりいただけます。リースマンが「他人指向型」をどのように書いているか、確かめてみて下さい。

第11章

潜在的機能(かくれたはたらき)を考える

1 何を犯罪と考えるか

デュルケムはこんなことを言っています。私達は「ある行為をそれが犯罪だから非難するのではない。私達が非難するから、その行為は犯罪なのである」。彼が伝えたいのは、犯罪とされることは、時代により場所により、つまり文化によって違いますよ、ということです。

たとえば、日本では夏ごく普通に見られる肩を出したファッションですが、イスラム圏では許されません。また珍しくもなくなった不倫ですが、これも百年前なら日本にだって姦通罪がありました。これはかなり差別的で、結婚している女の人が夫以外の男性とセックスしたことを罰するものでした。夫がありながらセックスした女の人と相手の男性が、姦通罪の対象でした。妻のある男の人が別の女の人とセックスしてもこれは姦通罪の対象ではありませんでした。不公平だということで、1947年に廃止されました。

世界に目を向けると、結婚していない男女のセックスについては、かなり厳しいところもあります。特に結婚前の娘がセックスしたことがわかると、家族の恥だということで父親や兄が殺してしまうといったことも、21世紀の現在、実際に起こっています。

ドラッグについても、国により対応が異なります。中国で日本人が死刑になったこともありました。オランダでは大麻などをソフトドラッグとして、より悪質な薬物と区別しています。自分で少量使用する分には、処罰の対象にならないのです。自殺を犯罪として扱わないのと同じ理由です。ソフトドラッグの使用が多く禁止は現実的ではないのと、コカインやヘロインなどより悪質な薬物と区別して、悪質な薬物の締め出しをはかる意図があるようです。日本ではもちろん、どちらも違法です。お金と時間の無駄遣いになりますから、うまい話に乗らないように気をつけましょうね。（註1）

殺人や窃盗などは、いつでもどこでも犯罪のような気がしますね。確かに普段なら犯罪です。でも、戦争中たとえば敵を千人殺せば、英雄です。また最近問題になっていますが、たとえば大英博物館の見事な展示は、考えようによっては盗品の陳列です。正当な権利なしに、それぞれの地域から強奪してきた物達とも言えます。もっとも、世界の文化財をより良い状態で保存しているのだと主張する向きもあるようですが。

同じ行為でも、どういう状態で成されたかで、犯罪とされたりされなかったりします。むしろ、特殊な状況の下では非難どころか、ほめられることもあるでしょう。何を「犯罪」と考えるかで、その国や地域の状態を読み取ることができるのです。

2 いじめについて考える

こんなことを言う人がいました。「人は排泄物が臭いから嫌うのではない。人が嫌うから排泄物が臭うのである」。さっきのデュルケムの言葉と似ていますが、さらに過激です。でも客観的に考えると、これはウソです。排泄物の臭いは、多分不快なものとして私達にインプットされています。ですから、基本的にどんな文化でもトイレは、家から離れたところ、もしくは家の隅に作られました。水洗トイレが普及し、トイレが臭わなくなったから、間取りによっては家の真ん中付近に置くこともできるようになりましたが、基本的にはあまりさわらない方がいいものだから、これは不快な臭いだと私達は認識するようになっています。(註2)

では、この言葉で何を伝えたいのか。かなり失礼な話ですが、「排泄物」を「いじめられる子」に置き換えて読んでみます。「人はいじめられる子が臭いから嫌うのではない。人が嫌うからいじめられる子が臭うのである」。いじめに理由があるとすれば、それは必ずしもいじめられる人の問題ではない、ということです。

かつて小学生がいじめるときの決まり文句は、必ず「汚い」「臭い」でした。私が小学生のときでさえ、客観的に「汚い」「臭い」

子どもはほとんどいませんでしたが。いじめられる子どもが汚くて臭いから、いじめられるのではないのです。客観的には汚くも臭くもない子をいじめて、「汚い」「臭い」と非難するのです。

でもこの言葉にはまだ救いがありました。客観的に否定できるからです。みんなが何と言おうと、自分は汚くも臭くもない。そう胸を張っていられました。今はきついですね。「キモい（気持ち悪い）」が出てきてしまいましたから。「キモい」は理屈ではありません。客観的な視点はありません。だから反論を許さないのです。「キモい」と言われても、自分はそんな存在ではないと堂々としていることは、かなり難しくなってしまいました。

いじめは誰が何と言おうと、悪いに決まっています。間違っているし、ない方が良い。でもなくなりません。いじめには、隠れた働きがあるからです。人でも国でもそうですが、関係がうまくいかないとき、外部に敵を作ってまとまろうとすることがあります。外部の敵への反感を持つという点で、内部の人間が団結できるのです。

いじめはまさにこの例です。集団内部の人間関係がうまくいかないから、誰かを犠牲にしてその人をのけ者にするという点で、まとまろうとするのです。いじめられる方はたまったものではありませんが、いじめる方には良いことがあります。仲間と自信ができるのです。言うまでもなくどちらも大変薄っぺらなものです。薄っぺらな仲間、薄っぺらな自信です。それでも、ないよりはましなのです。そう、どんなに安っぽくても仲間と自信が欲しくてたまらないから、いじめにすがるのです。

人が集まるところには必ずいじめがあると、したり顔で言う人がありますが、これはウソです。幸せな人はいじめなどしません。だから満たされた子ども達の集団に、いじめはありません。いじめのない状態は必ず作ることができます。ただし、命の大切さを力説したり、映画や本を見て話し合ったりしても、それだけでは難しいだろうと思われます。理屈ではいじめが悪いことはみんなわかっています。でもいじめをせずにいられないから、仲間はずれを作るのです。何のためかと言えば、先ほど少し触れましたが、仲間と自信が欲しいからです。

いじめている間、いじめに加わるメンバーは、仲間です。「あいつって……」と笑うだけの関係かもしれないけれども。ほんのちょっと風向きが変われば、自分に冷たい顔を向けるに違いない相手でも。また、いじめている間、いじめられている人に対して優越感を持つことができます。自分は彼もしくは彼女よりもずっとましだということで。そう思うことに根拠はいりません。「今いじめられていない」というだけで充分です。ですから、一般に人からうらやましがられる特徴を持った人がいじめられることも珍しくはありません。容姿が華やかだとか、成績が良いとか、人気のある異性に思いを寄せられたとか、全ては「生意気だ」の一言で制裁の対象になります。うらやましい特徴のある人が辛い思いをするのは、ある種の人達にとってこの上なく気持ちの良い経験です。アンタばかりに良い思いはさせないよ、ということです。

妬みは、ものすごいエネルギーを持っています。絶対多数の中立層も、ときにちょっとした快感を味わってしまうところがコワイのです。(『自由からの逃走』を思い出しますね。)

いじめをなくすには、どうすればいいのか。時間がかかりますが、本物の仲間と自信が手に入るように、サポートする以外にないと思います。薄っぺらではない仲間と自信があれば、人を傷つけて喜ぶことはしなくなります。そうは言っても、「今そこにあるいじめ」を見過ごすことはできません。困っている人を放って置いてはいけません。まずは困っている人が本当にいないのかどうか、心を配ること。困っている人がいるのなら、何としても守ると周りの大人が覚悟すること。どうしても学校では守りきれないなら、自宅で学習できるようサポートすること等が考えられます。

いじめは、被害者を徹底的に傷つけます。プライドをずたずたにすることが面白いのでしょう。だからこそ、被害者に言葉だけでなく何度でも「あなたは悪くない。いじめる方が弱くて馬鹿なんだ(汚い言葉で申し訳ありません。でも本当です)」と伝える必要があります。傷ついたところから立ち上がり、本物の自信を手にすることができれば、その人の強さは決して損なわれることはありません。そして、辛い人の痛みがわかる、深みのある優しさを身につけることもできます。辛い経験が辛いだけで終わることのないように、周りの大人や仲間達のサポートが望まれます。

3 潜在的機能（かくれたはたらき）について

いじめのように、どう考えても、ない方がいいと思われるのになくならないものには、潜在的機能（かくれたはたらき）があります。いじめならば、（薄っぺらな）仲間と自信が持てることでしょう。戦争ならば、敵を外部に作ることで国内の団結が図れたり、得をする人があることでしょう。いじめがあっても仕方がないとか戦争はなくならない、と言っているのではありません。こうした潜在的機能を知った上で、いじめや戦争に立ち向かう方が効果的だと思うのです。

デュルケムによれば、犯罪にも潜在的機能があります。社会の団結を強化することです。犯罪に対し、一般の人達は腹を立てて制裁を望みます。そのことで皆の気持ちが一つになるというわけです。だから「犯罪のない社会は不可能だ」とデュルケムは言います。本当に盗みもないような社会が実現したら、それは素晴らしいことでしょうが、そうなれば、それまでは犯罪とされてこなかったことが犯罪として設定されることになるでしょう。たとえば人の携帯電話を勝手に見たとか、挨拶したのに無視したとか、これまではマナーがなっていない、と片づけられていたことが犯罪に「格上げ」される可能性もあります。

言うまでもなく、犯罪を起こす人は社会の団結や絆を強くしようとして、罪を犯すわけではありません。「考えもしない結果」として、団結の強化がもたらされるのです。「考えもしない結果」

ということなら、『プロテスタンティズムの倫理と資本主義の精神』で見てきたプロテスタンティズムの潜在的機能も考えられますね。前にも書きましたが、ルターもカルヴァンももちろん信者達もきっと誰一人として、資本主義を発展させようと考えた人はなかったはずです。でも、熱心な禁欲と信仰が結果として資本主義の発展をもたらしました。予定説の潜在的機能が資本主義の発展を導いたのですね。

さて、この「潜在的機能」という概念を提案したのは、マートンという人です。アメリカの社会学者で、とても頭の良い人です。何だかもやもやしていることを、鮮やかにわかりやすく整理するのがとても上手なのです。マートンのアイディアも、時々試験に出ますので、ご紹介しますね。ある部分や現象が、他に対してプラスの結果をもたらす場合、「順機能」もしくは「正機能」といいます。これとは逆にある部分や現象が、他に対してマイナスの結果をもたらす場合、「逆機能」もしくは「反機能」と呼びます。「順機能」に対して「逆機能」、「正機能」に対して「反機能」の組み合わせです。

また動機と結果を考えたとき、意図と結果が一致する場合を「顕在的機能」としました。そして意図と結果が一致しない場合を「潜在的機能」と呼んだのです。副作用が知られていないケース、目的ではないし予測もしないし皆が知らない、まさに「考えもしない結果」をもたらすものこそ、社会学の分析対象だとマートンは考えました。この「潜在的機能」というアイディアは、なかなかの優れものです。このアイディアを使うと、もやもやしていたものが少しすっきりします。たとえば、先ほど挙げたいじめなど、ない方が良いに決まっているのになくならないものには「潜在的機能」が潜んでいます。また、一見すると意味がないように思えるものにも、ちゃんと理由のあることがわかったりします。

マートンがそのヒントにしたのは、ホピ族の雨乞いの儀式でした。この儀式はそれまで「未開民族の迷信的な習わし」と思われていました。ホピ族はネイティブアメリカンですが、雨乞いをしたからといって雨が降るわけではないことは、「科学的」に考えれば当然です。顕在的機能（雨を降らせること）としては、あまり役立っているとは言えないかもしれません。それでも彼らは、雨乞いの儀式をやめません。「潜在的機能」があるからです。雨乞いの儀式の「潜在的機能」は、部族の一体感や絆を再確認することです。普段各地で生活している一族がこの儀式のときには、故郷に帰ってくるのです。日本のお盆やお正月と似ていますね。お盆は、先祖の霊が帰ってくるとされています。お正月には年神様をお迎えします。客観的、科学的に考えれば合理的でないかもしれませんが、ずっと続いてきたし、しばらくは続いていくだろうと思われます。普段離れて暮らしていても、年に数回家族や親族が集まって交流することには、やはり意味があるのです。

マートンの考え方は、「機能主義」と呼ばれます。ある行為が、全体や他の部分に対してどのような働きをするのかと考える立場です。「潜在的機能」は、いろいろな問題を考えるときのヒントになってくれる便利なアイディアです。

☞註

1. 最初の数回は、タダであることも多いようです。1回だけだから大丈夫とか、やせられるよとか、すごく集中できるから成績が上がるよとか、ドラッグとはわからないような誘い文句がたくさんありますので、くれぐれもうまい話に乗らないようにしましょうね。

2. たとえば、パンダの糞《ふん》は離乳食です。赤ちゃんパンダは母親の糞を食べて大きくなります。パンダの糞は甘い良い匂いがするそうです。

まとめ

❶ 何を犯罪と考えるか

犯罪とされることは、時代により場所により、つまり文化によって違う。

殺人や窃盗ですら、状況による。

何を「犯罪」と考えるかで、その国や地域の状態を読み取ることができる。

❷ いじめについて考える

いじめに理由があるとすれば、それはいじめられる人の問題ではない。

いじめには、隠れた働きがある。仲間と自信ができる。

いじめをなくすには、本物の仲間と自信が手に入るように、サポートする以外にない。

そうはいっても、「今そこにあるいじめ」を見過ごしてはいけない。

周りの大人や仲間達の、被害者サポートが望まれる。

❸ 潜在的機能（かくれたはたらき）について

デュルケムによれば、犯罪にも潜在的機能がある。社会の団結を強化すること。

マートンのアイディア

ある部分や現象が、他に対してプラスの結果をもたらす場合、「順機能」もしくは「正機能」。これとは逆にある部分や現象が、他に対してマイナスの結果をもたらす場合、「逆機能」もしくは「反機能」。

意図と結果が一致する場合を「顕在的機能」。

意図と結果が一致しない場合を「潜在的機能」。

「考えもしない結果」をもたらすものこそ、社会学の分析対象だとマートンは考えた。

「潜在的機能」は、いろいろな問題を考えるときのヒントになってくれる便利なアイディア。

おすすめの本

日本語で読めるマートンの本は、『社会理論と社会構造』（みすず書房）と『社会理論と機能分析』（青木書店）がありますが、どちらもかなり骨が折れます。まずは図書館で実物を確認されることをお勧めします。

第12章 マートンのアイディアから

1 アメリカの禁酒法

あくまで傾向としてですが、アメリカの人達は、白黒はっきりつけることが好きな印象を受けます。良いことは良いし、悪いことは悪い。そして悪いことを徹底的に取り除こうとします。たとえば、太りすぎが健康に良くないのは当然ですが、「できれば少し体脂肪を落としてみよう」といった穏やかな方法ではなく、「肥満は悪だ」と言わんばかりにダイエットに励みます。そして「太っている人は管理職になれない」といった悪い冗談のようなことも起こります。自分の体を管理できない者が、人の管理ができるはずがないというのが、その根拠です。これはおかしいと私は思います。体型は本人の努力もさることながら、もって生まれた体質にも多くの影響を受けますから。

20世紀にも、悪いものはなくしてより良い社会を作ろうという善意から、1920年禁酒法が制定されました。お酒を造ってはいけないし、売っても買っても運んでもいけないというのです。(実は家で飲むことは禁止されませんでしたし、輸入することもできましたが。)適度に楽しめればいいのですが、お酒はときに人をダメにします。酔って、けんかをする人もあれば、ものを壊す人もあります。また、酒場に入り浸って家庭を顧みない夫達もありました。お酒が入ると人が変わる(註1)という人は珍しくないし、中毒になり働けなくなる人もあります。こうしたトラブルが起こるのはお酒があるからです。お酒がなければ、アルコール中毒の人も立ち直るだろうし、お酒で転落する人もなくなるだろうと、禁酒法が実施されました。

この結果、悪いものを取り除いて、良い国を作ろうという意図は実現されたと思いますか。答えはノーです。むしろ残念なことに、禁酒法制定の前よりも事態は悪くなってしまいました。なぜかというと——。人々がお酒のない状態に我慢できなかったからです。消毒用のアルコール等で、命を落とす人も出たくらいです。お酒を造ることは簡単ではありません。それなりの設備も、知識や経験も必要です。(註2)そこで密造酒が歓迎されました。密造酒というのは、内緒で造られるお酒です。普通より高くてもお酒がないのですから、作れば売れます。これがギャングの資金源になりました。ギャングとは日本の暴力団のようなもので、暴力的犯罪者集団のことをいいます。

密造酒のお陰でギャングは潤い、さらに力を持つようになりました。また、一般の人々がギャングとの接点を持つようになってしまいましたし、さらに悪いことには「禁酒法のようなばかばかしい法律は守らなくても良いのだ」と考えるようになりました。これがさらに「このようなばかばかしいものがあるということは、法律そのものを守る必要がないのだ」という風潮を生んでしまいました。この法律で政府は、不健全な酒場の撲滅をねらっていたのですが、さらに具合の悪い非合法の酒場が大いに繁盛するということも起こりました。

最初の意図は、悪いものを取り除いてより良い社会を作ろうというところにありました。ところが実際には、望ましくないもの（ギャングや非合法の酒場）がはびこり、一般の人まで「法律を守ろう」という意識が低くなるなど、制定する前より悪いさんざんの結果になりました。1920年に施行されて33年に廃止されるまで13年間、この状態が続きました。なぜ、こんなことになったのでしょう。お酒の潜在的機能を無視したことも原因の一つでしょう。お酒は確かに悪さもしますが、適量を守れば、ストレスの解消に役立ったり、一緒に飲む人と親しくなれたりします。お酒の歴史は大変古く、また修道院等でお酒が造られたりもします。「悪いからなくそう！」というかけ声でなくなるほど、柔《やわ》なものではありません。

マートンの言う通り「世の中は一見するほど単純ではない」のです。良い目的が必ず良い結果をもたらすわけではありません。潜在的機能を考えることは、いろいろな問題を考える上で、役に立つヒントを与えてくれると思います。

2 予言の自己実現

禁酒法が廃止される1年前、1932年にアメリカの旧ナショナル銀行が倒産しました。当時きわめて経営状態が良かったにもかかわらず。どうしてこんなことになったのでしょう。これは実は根拠のない噂によるものとされています。経営状態が良かったのに「経営状態が悪く、やがて支払いができなくなるだろう」という噂が流れ、多くの人がそれを信じて預金の引き出しに殺到したため、実際に支払い不能の状態になってしまったのです。

一般家庭でも銀行でも同じですが、財産として持っている金額とすぐに自由になる金額は違います。資産として持っていても、それをすぐに現金にすることはできません。額が大きくなれば、ますます難しくなります。現在日本では、銀行が倒産しても1000万円までの預金の元本は保証されています。でも一般論としては銀行が倒産すれば、預けていたお金が戻らないかもしれないと、預金者達は心配します。だから銀行にお金のある早いうちに自分のお金を取り返しておこうと、払い戻しに殺到するのです。

このように間違った情報が流され、人々が間違いを本当だと信じて行動した結果、元々間違いだったことが本当に実現してしまうといったことを、マートンは「予言の自己実現」と名付けました。それまでなんだかそんなことがあると多くの人が思っていたけれど、うまく説明できずにそのままになっていた。そういうものをマートンは、アイディアとして整理するのがとても上手なのです。私も少し便乗しますと「言ったからこそ、その通りになる」「言われなければ実現しない」ことをいいます。

「予言の自己実現」は悪いことばかり引き起こすわけではありません。たとえば親が子どもに「あなたは本当に良い子だ」と信じて言い続ければ、そう言われた子どもは悪い大人にはなりません。もしかしたら悪さばかりする子どもでも、人から、ことに親から信じられたら嬉しい。嬉しいから相手を喜ばせたくなる。親子の間にはいろいろな問題も起こりますから、そう単純に運びはしませんが、「あなたは本当に良い子だ」と信じて言い続けられれば、それは大いに自信につながります。ここで大切なことは、信じて言い続けることです。「誰が何と言おうと、私はあなたを信じている」というメッセージが、子どもに伝わることです。親は子どもに騙されても良いのです。むしろ騙されても騙されても信じることが大切なのではないかと思います。

間違った情報かもしれないけれど、当事者が信じて行動することでそれは本当になっていく。良いことに応用できればいいと思います。良いことならば周りの力も借りて「予言の自己実現」をすればいいのです。

3 自殺的予言

ちょっと物騒なタイトルですが、自殺とは関係ありません。時々「これから死にます」という自殺予告と間違う人があるので、気をつけて下さい。自己破壊的予言ともいい、予言の自己実現とは反対に「言ったからこそ外れてしまう」ケースのことです。このままではこうなるよと予言され、人々がそれを信じて行動した結果、言われなければ実現したであろう状態とは違う結果になることです。よく知られているのは、株価に関する予言と選挙予測です。

選挙予測は、世論調査やインタビューなどで投票行動を予測するものです。最近ではかなり正確な予想がされるようになりましたが、それだからこそ、ということも起こります。たとえば事前のデータでは優勢と伝えられていた人が、ふたを開ければぎりぎりの得票だったということだってあります。優勢だと言われたら「じゃあ、私が投票しなくても大丈夫」とか「もっとすれすれの人に入れてあげよう」などと考える有権者が少なくないからです。

そう、有権者の多くはかなりいい加減な投票をします。投票に行かない人も残念ながら珍しくないですね。特定政党の支持者ではなく、政策をよく見比べて選ぶという有権者は、実はそれほど多くないと思われます。皆あまり言いませんが、握手したとか、雨に濡れながら演説していたとか、いい人そうに見えた等、かなりいい加減な理由で投票しているのです。まただからこそ、自分の1票が生きたという実感が欲しいのです。本当によく考えて投票したのなら、その候補者が落選しても後悔は少ないはずです。そうではなく、影響力を発揮したという実感が大切だから、勝ち馬に乗りたいタイプもあるだろうし、「自分が当選させたんだ」と思いたい人もあるわけです。ただいずれにしてもそういう人達は、当選の難しそうな候補者には投票しません。落選者への票を「死票」といいますが、特に信念があるわけではない人は、自分の1票が死票になることを避けようとします。

では、実はかなりいい加減な投票をする有権者に対してアピールするのは、どんなメッセージでしょう。望ましいのは「激戦」や「後一歩」という予測です。自分の1票が勝敗の行方を左右するスリリングな感じが、有権者にアピールするのです。だから候補者は「安全圏」のような予測を嫌がります。「自分が入れなくても大丈夫」と思われては困りますからね。候補者にとっては「苦しい戦い」も困ります。「入れても無駄」だと思われると票が減ってしまいます。このように予測・報道されることで、予測がなければ実現したであろうことから違った状態になるのを「自殺的予言」といいます。「言ったからこそはずれてしまう」「言われなければそうなった」ことです。他にどんなケースがあるでしょう。時間のあるときに考えてみて下さいね。

なお、先にお話しした「予言の自己実現」にしろ、この「自殺的予言」にしろ、これらは人と人とが共に生活するから起こる「社会的」なできごとです。自然現象にはあてはまりません。たとえば地震は、私達が準備をしていようとそうでなかろうと、起こるときには起こりますし、起こらないときには起こりません。当然ですね。地震に関する予測が可能になり、皆が準備をするようになれば、地震被害は多少とも小さくなるでしょう。しかしそれは言うまでもなく皆が対策を立てたからであって、皆の準備に免じて地震が小さくなったなどということはあり得ません。また逆に、皆がきちんと準備をしているからもっと揺れても大丈夫と大きな地震になるわけでもありません。「予言の自己実現」や「自殺的予言」は、自然現象についての予言ではなく、社会的な出来事に関してだけあてはまります。ご注意下さい。

4 「予言の自己実現」のアイロニー

「予言の自己実現」には、次のようなケースもありました。マートンがこのケースについて考えたのですが「スト破りをするから、黒人を労働組合に入れてはいけない」というものです。スト（ストライキの略です）は、労働者側の要求が聞いてもらえないなら働きませんという抗議行動の一つです。労働組合は、働く人がまとまって経営者と交渉するためのグループです。スト破りとは、皆が要求を通すために働かないでいるのに、働くことです。そうすると結果として経営者を喜ばせることになり、労働者からは裏切り行為と見られます。

黒人は労働組合の伝統や行動の仕方がわからないから、組合に入れない方が良いとかつて白人は考えました。黒人を組合に入れて、伝統や行動の仕方を教えるよりも、どうせわからないからと排除することを選んだのです。するとストが起こったとき、組合に入っていない（仲間として認められていない）黒人は、普段より良い条件で仕事をすることになります。こうして「スト破りをするから、黒人を労働組合に入れてはいけない」というテーマは自己実現してしまいます。差別や偏見は一度そういう見方が出てくると、意識しなくても皆でその見方を強化してしまう「言ったからこそその通りになってしまう」ところがあります。

たとえば一度問題児というレッテルを貼られてしまうと、多少努力しても周りの見方を変えることは難しくなります。良いことをしても「イイコぶって」とか「人の見てるところで白々しい」などと言われてしまいます。やけになって悪いことをすると「ほらやっぱり」とか「そのうちこうなると思ってた」とくるのです。（註3）人の目は無責任だから気にするなとよく言われます。その通りです。でも人の目はとても強い力を持ちます。だから私達は人を見るとき、ほんの少しで良いから気をつけませんか。なるべく温かく自分や周りを見られたらいいですね。

また現実ではなくお話の世界ですが、オイディプス王の神話がやはり「予言の自己実現」の例になっています。オイディプスの名前はエディプスコンプレックス（註4）の由来ですが、王家に生まれた彼は「父を殺し母と交わるであろう」と、とんでもない予言をされてしまいます。それも神託です。そうなってはいけないと皆が努力したまさにその結果、予言は現実のものとなってしまいます。オイディプスは、知らずに自分のしてしまったことを悔いて、王位を捨てて自分の目をつぶし放浪することを選びます。このお話はギリシアの3大悲劇の一つに挙げられますが、予言を実現させるまいと皆が必死に努力したにもかかわらず、まさにその努力が悲劇をひき起こしてしまうところに、痛烈な皮肉を感じます。

「潜在的機能」や「予言の自己実現」というマートンのアイディアは、世の中が「一見するほど単純」ではないことを私達に教えてくれます。またこれらをヒントや道具にして、社会的な出来事を分析することもできます。これらを使うと、それまでぼんやりしていたことが鮮やかに理解できる、とても社会学的なアイディアです。

☞註

1. お酒等で「人が変わる」とよく言いますね。人は変わりません。正確に言うと、普段隠れている本性が出てきただけです。車の運転でも同じです。普段穏やかなのにスピードを出すと生き生きする、追い越されるとムキになる、など車の運転時やお酒を飲んだときには、素の状態が出やすいのです。

2. 現在日本でも、お酒を造るには許可が必要です。梅酒など漬けているおうちもあるでしょうが、あれは売られているお酒に手を加えているだけなので問題ありません。

3. 学校で一番注目されないのは、成績が「中の下」に当たる子ども達だそうです。良くできる子、逆にできない子はそれぞれ目立ちます。また真ん中あたりは意識的に注目します。それらから抜け落ちてしまうのが、目立たずおとなしい子が多い「中の下」の子ども達だということです。

4. 小さな男の子はもともと父親に変わって母親を自分のものにしたいと願っている、という精神分析学のアイディアです。同性の親にライバル心を持ち、異性の親を慕う傾向ともされています。

まとめ

❶ アメリカの禁酒法

1920年禁酒法が制定された。（悪いものを取り除いて、良い国を作ろうという意図）

禁酒法制定の前よりも事態は悪くなった。

酒の潜在的機能を無視したことも原因の一つ。

マートンの言う通り「世の中は一見するほど単純ではない」。

❷ 予言の自己実現

1932年にアメリカの旧ナショナル銀行が倒産。

経営状態が良かったにもかかわらず、根拠のない噂による。

間違った情報が流され、人々が間違いを本当だと信じて行動した結果、元々間違いだったことが本当に実現してしまう「予言の自己実現」（マートン）

「言ったからこそ、その通りになる」「言われなければ実現しない」。

良いことに応用できればいい。

❸ 自殺的予言

予言の自己実現とは反対に「言ったからこそ外れてしまう」ケース。

よく知られているのは、株価に関する予言と選挙予測。

政策をよく見比べて選ぶという有権者は、実はそれほど多くないから、起こる。

❹「予言の自己実現」のアイロニー

「スト破りをするから、黒人を労働組合に入れてはいけない」のように、差別や偏見は一度そういう見方が出てくると、皆でその見方を強化してしまう。

オイディプス王の神話がやはり「予言の自己実現」の例。

「潜在的機能」や「予言の自己実現」は、とても社会学的なアイディア。

おすすめの本

ブルフィンチ（野上弥生子訳）『ギリシア・ローマ神話』岩波文庫、1978年

日本語としては少し古い感じがしますが、淡々と語られる神話の世界をどうぞ。ヨーロッパの文化には、これらの神話がどっしりと根をおろしています。インドや北欧の神話も付いていて、文化的なことに興味のある人にはおすすめの１冊です。

第13章 家族を考える

1 「子どもは殺さなければいい」その深い意味

ちょっとどきっとするタイトルですよね。これは、ある保健師さんの言葉です。一人目を出産する前に受講した地域の母親教室(1990年代前半はまだこうでした。今は両親学級だったり、孫のための祖父母の教室もあります)で、担当の保健師さんが「子どもはおかしなことをしなければちゃんと育つから、極端なことを言えばね、殺さなければいいのよ」と仰《おっしゃ》いました。そのときはただそんなものかと聞いていましたが、実はとても重く、また励まされる言葉だと後でわかりました。

時々、親が1歳にならないような子どもを殺してしまう事件が報道されます。皆さんはきっとそんな親を軽蔑するでしょうね。私もそうでした。自分が親になるまでは。今は内容にもよりますが、「気の毒に」と思います。自分とその人の間に大した差はないと知ったからです。

赤ちゃんは、おむつが濡れてなくてお腹がいっぱいならおとなしく寝ているものと、私は思っていました。恥ずかしい話ですが。赤ちゃんにはちゃんと理由があるのでしょうが、訳のわからない状態（と思えました）で泣き続けるわが子を前にどうしていいかわからず、困ってしまう未熟な母親でした。

子どもが１歳になるまでの間、親は、特に授乳する母親は、夜ゆっくり休むということがなかなかできません。これは想像以上にしんどいものでした。夜眠れないなら昼寝で補うしかないのですが、昼間は昼間でいろいろな用事があるし、大した用でもないドアホンや電話などで、なかなかゆっくりできないのです。人によるのでしょうが、慢性的な睡眠不足は、判断力の低下を招きます。また私は、寝不足になると不機嫌で性格が悪くなる自分を自覚していました。些細なことでかちんと来たり、腹が立つのです。

夜中、なかなか寝ない子どもをだっこしてどうにか寝かせた後、一時間もしないうちにまた泣かれたときなど、このまま落としたら静かになるかなとか、布団で抑えたら静かになるかなとぼんやり思いました。もちろん実行には移しません。捕まった自分や報道される内容、家族のことをぼんやりした頭で考え「寝不足で死ぬわけじゃないし」とか「泣き疲れたら寝るでしょ」と思い直したものです。

これはどうやら特別な経験ではないようです。もちろん、そんなの考えたこともないという立派なお母さんが多いのは本当です。

でも、「そうそう」「布団に向かって放り投げたいとかあるよねー」と笑いながら話せるのも事実です。笑って話せるか実行してしまうかは、実はわずかな差でしかなく、サポート環境に恵まれなければ、乳児殺害は誰に起こっても不思議はない悲劇だと私は思っています。

保健師さんの「子どもはおかしなことをしなければちゃんと育つから、極端なことを言えばね、殺さなければいいのよ」という言葉を、その方の温かい声で、私は何度も思い出しました。子どもには自分で育つ力がある。だから余計な邪魔をせず、育ちをサポートすればいい。辛くてしんどいときは、最低限のことだけしていればいい。必要なら周りに助けてもらえばいい。だから殺さないで。子どもと自分を不幸にしないで、と勝手に励ましてもらいました。

人間は辛いとき、遠い目標に向けて努力することはできません。「良い親になる。良い親でいる」ことは、実はかなり大変なことです。私達は、つい天使か神様のような完全な存在をイメージしてしまうからです。いつも穏やかで優しく、全てを受け入れてくれるような完全な存在を。私達は人間ですから、「いつも優しく」いることはとても難しい。大人同士でも難しいのに、相手はときに理不尽に思える要求をしてくる子どもです。無理なことを目指してストレスをため爆発するくらいなら、できないことは諦めて「殺さなければいい」と開き直る方が、楽だしストレスも少なくてすみます。親も子も人と比べる必要などありません。親としてそこにいるあなたが、子どもにとってかけがえのない存在なのだということを、辛いときに思い出していただけたらと思います。

大きくなった子どもを見ていると、こんな親の元でよく大きくなってくれたなと時々思います（本人達には言いませんが）。そして、あのとき早まらなくて良かったとしみじみ振り返ります。何とかやり過ごせば、その先に必ずいい時間がやってきます。一緒に頑張ってくれた夫や、双方の両親をはじめサポートしてくれた全ての人に感謝の気持ちを新たにするのも、そんなときです。今頑張っている全ての親と子どもが、良い関係を作っていけたらいいなと、私は強く願っています。（註1）

2 子どもが心を病むこと

自分や周りとの関係で生きづらさを感じている子ども達は、残念ながら特別な存在ではありません。うつや気分障害、適応障害などで心療内科や精神科を受診する子どもは、珍しくなくなりました。以前は心の病にかかるということは、あくまでその子どもの個人的な気質等によるものと考えられてきました。最近は、子どもの心の病は家族関係の問題の表れではないかということで、家族全体を見る必要があると考える人達が出てきました。心の病にかかった子どもを、危険を真っ先に感じて皆に知らせる、鉱山のカナリヤのような存在だと考えるのです。

子どもは本来たくましい生き物です。面白いことを見つけるのもうまいし、嫌なことがあっても、すぐに立ち直ります。子ども達の周りには楽しいことがたくさんあるからです。ところが彼らは、社会的に見ればやはり弱者です。原則として大人の保護がなければ、生活が難しいからです。そして感受性の鋭い彼らは、家庭に問題があれば、それを敏感に察知し、影響を受けてしまいます。

生活していれば当然ですが、何の問題もない家庭などほとんどありません。(註2)皆大なり小なり問題を抱えながら、それでもどうにか毎日を過ごしています。人間は基本的にたくましく、多少の問題はそれを養分にして成長してゆける生き物です。ところが、家庭が緊張しなければならない場所になっていると、人間の回復力は充分に働かなくなります。家庭は本来、弱い自分でも許される場所、だめな部分も含めてありのままを出せるところです。特に言葉でサポートされなくても、ありのままの状態で休むうちに、また次へのエネルギーを蓄えることができる。家庭にはそんな不思議な力があります。しかし何らかの事情で、家庭の回復力が充分に働かなくなると、しわ寄せは弱者のところに集中します。家庭内の弱者はたとえばお年寄りであり、子どもです。

お年寄りや子どもの精神が病的に辛い状態にあるとき、実は他の家族も何らかの心配や苦悩を抱えていたり、家庭内部の関係がうまくいっていないという場合があります。家庭内の弱者の症状は、家族関係の反映になっているケースが少なくないのです。だからある人の病的な症状だけを見て対策を考えるのではなく、家族関係全体を見直し改善を考えた方が解決しやすいということもあります。

家族の要はやはり夫婦です。夫婦の形は千差万別ですが、お互いを認め合い、思いやりを持てる関係であれば、問題が起きても何とか切り抜けられます。そんな関係は、双方の努力なしには維持できません。夫婦の関係は最も基本的で、最も近いものだからこそ、それぞれの生き方がストレートに表れます。年を経てむつまじい夫婦に抱く尊敬の気持ちは、彼らが経てきたであろういくつもの苦労とその克服を、知らず知らずのうちに感じ取るから起こるのでしょう。夫婦の関係がしっかりとしていれば、家庭の問題は時間がかかっても比較的解決しやすいと言えます。そして、夫婦の不仲が実は家庭の問題を生み出す元になっている場合が、決して少なくないのです。(註3)

3 それでも家族は面白い!

現代の日本では「核家族」が中心です。夫婦と未婚の子どもからなる家族を「核家族」といいます。父子家庭、母子家庭もやはり「核家族」のバリエーションです。「家族」の機能としては、「性」「経済」「生殖」「教育」などがあります。メンバー、つまり家族のエネルギーを補充し、維持もしくは再生産をはかる単位なのです。

「性」や「生殖」は、生き物としての基本ですね。子孫を増やす、維持する営みです。家族はまた「経済」活動の単位でもあります。衣食住といった生活の基本を共同で管理していますね。他に家庭の大切な機能の一つとして、子どもを独り立ちさせることがあります。

こうした機能は現在、家庭の中から外へ出て行っています。たとえば、着るものや食べるものは、必ずしも手作りではなくなりました。家を自分達で建てるのは珍しく、趣味になっているケースが多いでしょう。教育は家庭だけで行うのではなく、学校や塾、習い事等にもその役割が広がっています。

ただ安らぎや憩い、感情の分かち合いなどはきっと最後まで残るだろうと私は考えます。家族は、より良く生き延びるために大切な「自信と安心」を守り育てます。自信と安心はこれまで何度も出てきましたが、生き延びるための根っこであり支えです。これさえあれば、たいていのことは何とかなります。

日本の家族は、未婚化、晩婚化、少子化の流れの中にあります。生涯を通して結婚しない人が増える「未婚化」、結婚するとしても初婚年齢が後ろにずれる「晩婚化」、結婚するしないにかかわらず子どもの数が少なくなる「少子化」。さらに単身世帯（一人暮らし）の増加もあり、「夫婦と子ども二人」を標準家庭としてきた日本の家族は、これからますます変わってゆくだろうと思われます。でもあえて、「自分で家族を作るのはやっぱり面白いよ」とお伝えしたいと思います。

友人に「自分の人生に責任が取れないのに、人の人生に責任なんか取れない」と結婚を渋っていた人がいました。でも本当に好きな人が現れたとき、その人はさっさと結婚しました。「こんな時代に子どもなんて産めない」と考えている人は多いでしょうが、産んでしまえば、何とでもなります。

優秀な女性はよく、きちんと仕事をしてそれなりの地位についてから落ち着いて出産しようと考えるものです。でも大学時代の恩師はあえて「若くて責任の軽いうちに、もっと言うなら、(職場で)いてもいなくても変わらないうちに産んじゃった方がいいよ」と仰《おっしゃ》いました。「育児休業なんかの制度が整っているところで」という註釈付きでしたが。職場での責任が重くならないうちに、出産しておくことのメリットを言われたのです。

仕事はいつだって忙しく、きりの良いときはなかなかやってきません。またその時期に都合良く妊娠するとも限りません。何よりも小さい人と付き合うことは、基本的に体力勝負です。また若いうちのブランクは、取り返すのに比較的苦労が少なくてすみます。若いうちの妊娠出産には、意外にメリットがあるのです。

確かに子どもが少ないと言われるのに保育所に入りにくかったり、長時間労働が当然だったり、子育てには厳しい状況です。でも意外に何とかなります。何よりこんなに面白い経験をせずに済ませるのはもったいないと思うのです。私は自分の人生に、自分で作る家族などいらないと思っていました。大学生の頃は小さな子どもがきらいで、電車で遠足に出会ったときなど、露骨に嫌な顔をしていたのではないかと思います。今でも子どもが大好きなわけではありませんが、きらいではなくなりました。自分で作る家族を持たないままの自分と比べたら、少しは人間的に大人になったかなと思います。

でも私は「子どもを育てて一人前」とか「あの人は子どもがないからわがままだ」といった言い方、考え方には違和感を覚えます。子どもがいても、わがままな人や幼稚な人は珍しくないし、子どもがなくても立派な人はたくさんあります。人からどうこう言われるようなことではありません。パートナーや子どもの有無と人間としての成熟は、切り離して考えるべきことでしょう。

ただ、できるなら楽しいよ、悪くないよとお勧めしたい気持ちはあります。パートナーとの生活も、ひとりの気ままさに比べたら不自由もあるでしょうが、楽しいことの方が多い気がしますし、自分と全く違う考え方の人が近くにいると、視野の広がる利点もあります。

生活歴の違う二人がうまくやっていくために、できれば気をつけていただけたらと思うことを挙げます。どうしても乳幼児の育児は授乳する母親が中心になりますので、主にお父さんにお願いしたいことです。家事、育児は二人の仕事です。何を今更と思われそうですが、あえて言います。「手伝う」という意識からは、早く卒業して下さい。「手伝う」という意識は、家事や育児を他人事と考えるから生まれます。分担を細かく決めたりする必要はありませんが、「二人の仕事」と考えることができれば、夫婦間のトラブルはぐっと少なくなります。実際に何をするかよりも、どう考えるかの方が大切なのです。

今の日本では、多くの職場で長時間労働が当たり前ですから、フルタイムで働いていたら、なかなか育児には参加できません。だからこそ育児を担ってくれているパートナーには感謝の気持ちを言葉にしていただきたいと思います。夫婦だから言わなくてもわかるはずと甘えるのではなく、感謝は照れずに言葉にする。「ありがとう」とか「助かるよ」とか「よくやってくれてるね」と短くて良いですから。できていないことを責めたり、自分は外で苦労しているからとパートナーに甘えるのは、少なくとも子どもが小さいうちは我慢した方がいいですよ。

私は育児休業をいただいて、限られた期間ですが、専業主婦の生活を体験できました。あくまで私の個人的な感想ですが、私は小さい子どもと生活しながら家を切り盛りするより、外で働く方がはるかに楽だと思いました。人には向き不向きがありますし、子どもとの相性もありますし、外での仕事の種類にもよりますから、あくまで個人的な感想ですが。家を守る仕事は、基本的にできていて当たり前で、ほめられたり感謝されることが少ない仕事です。またお金をもらうことの少ない労働です。これを外注すれば、かなり高額になるにもかかわらず、家族への愛情をもって無償で行うことが当然とされます。ですから、家事をメインで担当すれば、不満が起こりやすいのです。それまで外で評価される仕事をしていればなおさらです。

だから、お互いに不満は小さいうちに冷静に口にすることです。相手を責めるのではなく感謝の気持ちも伝えつつ、「自分はこういう状況はおかしいと思う」とか「引っかかりを感じる」と素直な気持ちを冷静に話すのです。自分の中だけで解決しようとするとなかなかうまくいかず、かえって爆発してしまったりします。客観的な状況が変わらなくても、パートナーに聞いてもらった、理解してもらったことで、それが解決につながることだってあります。

夫婦は（新婚のごく初期をのぞけば）努力せずにわかり合えるはずなどありません。できごとや気持ちを話し、わかり合い、けんかもしながら、だんだん仲良くなっていくのです。お互いに妥協と我慢が必要なのは当然です。我慢しているのは自分だけではありません。相手も我慢、努力してくれているに違いないのです。夫婦の問題はどちらかだけが悪いということはないと私は考えます。お互い様です。今の日本では誘拐略奪されて無理矢理結婚させられた、あるいは家族のために泣く泣く嫌な相手と結婚したというケースはごくまれでしょうから、少なくとも相手を選んだ責任はあるはずです。結婚する相手を選ぶポイントは人それぞれで、お互いが納得していれば何でも良いのですが、「この人とだったら苦労してもいいと思えるかどうか」は案外大切な気がします。

家族は必ずしも血縁を必要とはしません。家族のかたちは、これからきっと変わっていくでしょう。でもあと百年ぐらいは「自信と安心」でメンバーを支える共同体であり続けるのではないかと私は思います。

☞註

1. つい子どもを虐待してしまうのは、完全主義で向上心の強い人であるケースも実は多いのではないかと思います。第7章でふれましたが、完全主義はときに全てを投げ出してしまうことにつながります。「いい親にならなくては」と自分を追い詰めるより、「殺さなければいい」とのんびり構える方が親も子ものびのびと過ごせます。気持ちに余裕がある方が、実はイメージする「いい親」に近づけたりもします。

2. 家庭にもストレス耐性があります。ストレスに強い家庭、弱い家庭があるのは、個人の場合と同じです。

3. 一人で頑張っている親御さんも少なくありませんが、多くの方はお疲れでしょう。無意識のうちに二人分頑張らないと、と思うからですが、一人分で充分です。大人が一人で子どものいる家庭を維持するのは大変なことですから、「頑張っているよね」と自分を認めつつ、周りを巻き込み、なるべく機嫌の良い状態で子ども達との時間を過ごせたらいいですね。
一人親のケースに限らず、必要なら周りに助けを求めることも、気持ちよく生き延びるための大切なスキルです。もちろん余裕のあるときは、困っている人に手を貸してあげましょう。お互い様の気持ちが、より良い社会を築く鍵だと私は信じています。人間は社会的な生き物ですから。

まとめ

❶「子どもは殺さなければいい」その深い意味

サポート環境に恵まれなければ、乳児殺害は誰に起こっても不思議はない悲劇。

ある保健師の金言「子どもは殺さなければいい」その深い意味。

親としてそこにいるあなたが、子どもにとってかけがえのない存在。

❷ 子どもが心を病むこと

自分や周りとの関係で生きづらさを感じている子ども達も、特別な存在ではない。

子どもの心の病について、家族全体を見る必要があると考える人達が出てきた。

夫婦の関係がしっかりとしていれば、家庭の問題は比較的解決しやすい。

夫婦の不仲が実は家庭の問題を生み出す元になっている場合が、決して少なくない。

❸ それでも家族は面白い！

現代の日本では、夫婦と未婚の子どもからなる「核家族」が中心。

「家族」の機能としては、「性」「経済」「生殖」「教育」などがある。

家族は、より良く生き延びるために大切な「自信と安心」を守り育てる。

日本の家族は、未婚化、晩婚化、少子化の流れの中にある。

家族のかたちは、これからどんどん変わっていくだろう。

自分達の家族を育てていくために

家事や育児を他人事と考える「手伝う」という意識からは、早く卒業したい。（実際に何をするかよりも、どう考えるかの方が大切。この項目は、現状では特に男性の皆さんに。）

お互いに不満は小さいうちに冷静に口にすること。

お互いに妥協と我慢が必要なのは当然。我慢しているのは自分だけではない。

おすすめの本

落合恵美子『21世紀家族へ　第４版』有斐閣、2019年

家族のことを学びたいなら、必ず読んで欲しい１冊です。わかりやすく分析が鋭い、とても素敵な本です。

Create Media編『日本一醜い親への手紙』dZERO、2017年

すさまじい家族もあるのだなと、ため息の出る手紙の数々です。全国から寄せられた手紙達です。これらを書いた人達が、少しでも幸せになっていてくれたらと願っています。

第 14 章 結 び

1 「自信と安心」の大切さ

これまで何度となく、自信と安心が大切であることを見てきました。第2章では、乳幼児期にたっぷり甘える、たっぷり遊ぶことで、自信と安心を手に入れる強さについて触れました。第6章ではユダヤ教徒、第10章ではドイツの多数派である北方ゲルマン族がそれぞれ、選ばれた民族として自信と安心を手にする仕組みを説明しました。第8章では、予定説の信者がやはり神に選ばれた者として、揺るぎない自信と安心を手に入れたことを述べました。第11章では、自信と安心を手に入れるためなら、ときに子ども達がいじめに走ってしまうことについて見てきました。

私達は、多くの人の中で社会のメンバーとして生きています。自分のあるがままを認めることのできる自信は、私達の支えになってくれます。弱いところやだめなところももちろんたくさんあるけれど、それ以上に良いところを持っていて、悪くない。たとえばこんな感じで他者と比べず、自分自身を認め好きになれれば、これはとても幸せなことです。

自信と安心は、たいていの場合セットになっていて、自信のある人は安心を手にしているし、安心している人は自分に自信を持っています。自分の内側にこれ見よがしではない静かな自信を持っている人は、周りを信頼することができます。周りの人をはじめとする世の中は、思い通りにならないことも多いけれども、自分を意味なく排除したり不幸に陥れたりはしない。普段意識しませんが、私達の多くはこうした信頼を周りに対して持っているものです。だから悪いことが起きても、また良いこともあるだろうし、誰かに裏切られたとしても、皆が自分の敵だというわけではないと思えます。自信と安心を手にしている人にとっては、いろいろあるけれど、生きることはそう悪くないのです。

運悪く自信と安心を手にできていない状態を考えてみましょう。自分に自信がないと、比べる必要がないのについ自分と周りを比較しては、無用な劣等感を持ってしまいます。本物の自信を手にしていれば、あまり周りとの比較はしないものです。自分は自分、人は人。それぞれに良いところ、困ったところがあるというのは当たり前だからです。でも自信がないと、常に周りと比べて自分の良いところを確認しないと納得できません。一見自信に満ちて見える自慢が好きな人は、実はあまり自信がないというケースも少なくないと思われます。周りに自分の良いところを確認してもらって、安心することができるのです。

周りに対する信頼と言い換えても良い「安心」を持てない人は、周りに対してつい身構えてしまいます。いつ悪いことが起きるかわからないので、それに向き合えるように用心するのです。だからつい、ものごとの嫌なところや困ったところに目が向きがちになります。自分に好意を持ってくれている人には、こちらも穏やかな気持ちで接することができますが、何となく警戒されているのかなと思うと、つい身構えてしまいますね。残念なことに安心感を持てないと、周りに警戒心を持たせてしまうために、味方を増やすのに少し時間がかかるのです。

第13章で触れましたが、自信と安心を育てるのに最も有効なのは安らげる家族です。でもそれが持てないなら、第２章で述べましたが、自分で自信と安心を育てることができます。ここまで生き延びてきた、今も頑張っている自分を認め、ほめてやるのです。時間はかかるかもしれませんが、必ず今よりも良い状態は作れます。焦らずゆっくり自分を認めることで、周りからも深く理解される自分に変わってゆくことができるのです。自分を認める静かな自信と、周りに対する信頼に基づく安心は、社会でより良く生き延びるためのこの上ない武器なのです。

2 「常識」を疑ってみること

この本全体を通じて、一般に「常識」とされていること、皆が信じていることを無条件に信じるのは、少し違うのではないかとお伝えしてきました。第1章で見たように、私達は数字を使って何か説明されると信じてしまいやすいし、感覚ですら周りに影響を受けます。自分自身の感覚もさることながら、周りの言うことで物の見え方を修正することもありました。第2章で述べましたが、おむつはずしの例のように、理屈にかなう簡単な方法があってもそれがあまり知られていなければ、従来の方法をとるべきだと考える人は決して少なくありません。第4章で触れましたが、かつて地球はお盆のような平面だと考えられていました。今は小学生だって地球が丸く、自転しながら太陽の周りを回っていることを知っています。

社会学者達の成果は、「常識」への挑戦と言えるかもしれません。常識とされること、一般の人達が信じていることは、果たして本当だろうか。私達はみんなして誤解していることがあるのではないか、彼らはそんな問題意識から思索、研究を進めているところもあるように思います。そんな成果の一つが、たとえばデュルケムの『自殺論』でした。戦争のような政治的に重大な危機で、自殺率は小さくなりました。また、不況のときより景気の良いときに自殺率が高くなる場合がありましたね。自殺率を左右する要因に集団の凝集力を見いだしたこと、欲望の神格化によるアノミーの自殺を見いだしたこと、これらは常識に縛られず、データから誠実に思索を重ねたからこそ生み出された成果です。

第8章では、ウェーバーが禁欲的なプロテスタントの教えと、一見相容れないお金儲けの関係を解き明かしたのを確認しました。お金の持つ意味は一つではありませんでしたね。フロムやマートンの成果も、私達が何となく信じてきたことを揺るがしたり、驚かせてくれるものでした。

もちろん常識とされることで、正しいこと、それに従って行動する方が合理的なことは、たくさんあります。常識が全て間違っている、などと言いたいのではありません。ただ常識だから、とかみんながそうしているから、というだけで正しいと信じるのは、危ないかもしれないよ、と思います。そもそも常識とされることも、実は時代により場所により違うのでしたね。第1章で述べましたが、もしかしたら人によって、常識と考えることが少しずつずれているかもしれないのです。自分の常識と周りの常識がずれているかもしれないと意識するだけでも、無用のトラブルは防げます。トラブルが起きたとしても、冷静に対策を考えることができます。常識の枠組みが自分とは違う人と、どう付き合っていくのかは、私達が今後真剣に考えた方が良いことの一つです。お互いが気持ちよく生活するために、譲っても良いところは譲る。言うべきことは、誤解なく伝わるよう心がける。感情にまかせて動くのではなく、どうすれば相手と自分に良いことなのかを考えると、解決の方法は見つかりやすくなります。

困ったことやわからないことに出会ったら、それは経験値を上げるチャンスです。できるだけたくさんの可能性を考えてみる。もちろん、周りの人の知恵も借りる。その上でどうすればいいのかの方針を立てる。動いてみてうまくいかなかったら、やり方を変えてみる。私達は結局納得して手に入れたものしか、使いこなすことはできません。借り物の知識は、そのままではあまり役に立たないのです。トラブルに出会い、真剣に考え、何とか解決していくうちに、知力が磨かれ、ストレス耐性も高くなっていきます。失敗だって、進歩してゆくための大切なステップです。ただ考えるためのヒントは、学生である今のうちにできるだけたくさん蓄えておく方が良いでしょう。学ぶことは、考えるための素材を蓄えることであり、考える方法を身につけることでもあります。

3　学ぶことの責任

皆さんは、何のために大学に来られましたか。好きな勉強をしたいから。将来に備えて。人に勧められたから。何となく。就職できなかったから、という人もあるかもしれませんね。理由は何でも良いのです。ただせっかくいらしたのですから、できれば嬉しい気持ちで学生生活をめいっぱい使っていただきたいなと思います。大学の勉強に励む。サークル活動を楽しむ。男女を問わず親しい人を増やす。アルバイトで社会勉強をする。ボランティアをやってみる。ときにはだらだらと過ごしてみる。行ったことのないところに行ってみる……何でも良いから、学生の立場を十分に生かして欲しいと思います。

私はあまり過去に執着しませんが、学部での生活と、その後の院生としての生活は、本当に楽しかったです。総合大学に学んだおかげで、自分の所属とは違ういろいろな先生の研究室に遊びに行き、たくさん学ぶことができました。所属の学部や大学院では、和やかで楽しいゼミ、厳しく議論するゼミ等バリエーションに富んだ学びを経験しました。論文を仕上げるときには泣きそうになりながら、必死で書きまくったこともあります。しんどいことも結構ありましたが、いろいろな意味で優れた（傲慢な書き方で申し訳ありません）先生方に丁寧に指導していただいて、とても贅沢で幸せな学生生活でした。もちろん個性的な友人達とたくさん遊びましたし。多くの人と知り合えるのも大学生のメリットですよね。

また学生という身分は、かなり使えます。割引だって多いし、勉強していますと言えば、知らない人にもいろいろと教えてもらえます。そう、遠慮なく教えてもらえるのはとても幸せなことですよ。技や知恵のいいとこ取りができるのですから。

皆さんの中には、もしかしたら自分のことをあまり幸せでないと感じている人もあるかもしれませんね。幸せと感じる基準は人それぞれです。でも現代の日本で大学生活を経験できることは、世界的な規模で見れば大変な幸運です。しばらく前に『世界がもし100人の村だったら』という本が話題になりました。この本によれば、大学で学べるのは100人のうち、たった１人だということです。（註１）私達はつい自分の周りだけを見て、不平や不満を並べがちです。だけどほんの少し想像力を持てば、自分達がいかに恵まれているかがわかります。下を見て自分を慰めろと言いたいのではありません。自分の幸運に感謝しつつ、皆が幸せに生きるために自分は何ができるのか考え、実行するための力を蓄えて欲しいのです。

いきなり紛争地にボランティアをしに行けというのではありません。静かな自信を持ち、周りに安心を広げる。まず自分が人を踏み台にしない幸せを手にした上で、周りにそれを広げていくのです。あいさつをきちんとする。話しかけられたら、できれば笑顔を向ける。全てはそのレベルから始まります。そうした基本がきちんとできて初めて、生きやすい人間関係が築けるのです。

客観的に見れば、日本に生きる私達の多くは、もったいないような幸運に恵まれています。贅沢はできないかもしれないけれど、衣食住に不自由することなく、学ぶことができる。世界的に見ればかなり治安の良い国で、不条理に家を焼かれたり、爆弾が降ってきたりという心配は、今のところする必要がありません。もちろん、予期せぬ天災や人災と無縁ではいられませんが、私達が当然のように過ごす毎日は、実は大変な贅沢なのです。でも本当は、この状況が贅沢であってはいけません。地球に住む多くの人が皆、安心して暮らせるようにならなければいけないのです。そんなことは不可能だと切り捨てる人もあります。けれど私はそうしたくありません。一見無駄に見えようと、方向が正しい努力なら、しないよりする方を私は選びます。どんなに大きな仕事も小さな一歩から始まるし、正しい努力の積み重ねはやがて大きく実るときがくるからです。もしかしたら、生きているうちに確かめることはできないかもしれないけれど。

学ぶことは、確かに皆さんの権利です。でもそれは同時に、幸運に恵まれた人の義務でもあります。皆さんは自分のために学びます。もちろんそれでいいと思います。しかしその学びは、やがて誰かの幸せに結びつきます。福祉や教育や医学、工学といったわかりやすいものばかりではありませんよ。一部の人達から無駄なように言われてしまう、哲学や文学だってそうです。一人一人の誠実な営みは、方向さえ間違えなければ、必ず誰かを幸せにします。正しい仕事とは、そういうものです。ここでいう仕事は、お金を手に入れるためのものばかりではありません。皆さんはもうおわかりですね。

小さな子どもの仕事が遊ぶことなら、大学生の仕事は学ぶことです。経験の幅を広げ、うんと勉強して賢くなってください。それが良い仕事をするための準備であり、より良く生き延びるための修行です。そしてこの修行は、一生続きます。じっくり楽しくやりましょう。急ぐ必要はありません。

☞註

1. 『世界がもし100人の村だったら』には「村人のうち　1人が大学の教育を受け　2人がコンピューターを　もっています」とあります。この本には、ページ番号の表示がありません。

まとめ

❶「自信と安心」の大切さ

自信と安心を手にしている人にとって、生きることはそう悪くない。

自信と安心を育てるのに最も有効なのは安らげる家族。でもそれが持てないなら、自分で自信と安心を育てることができる。

自分を認める静かな自信と、周りに対する信頼に基づく安心は、社会でより良く生き延びるためのこの上ない武器。

❷「常識」を疑ってみること

一般に「常識」とされていることを無条件に信じるのは、少し違うのではないか。

社会学者達の成果は、「常識」への挑戦と言えるかもしれない。

常識の枠組みが自分とは違う人とどう付き合っていくのかは、私達が今後真剣に考えた方が良いことの一つ。

困ったことやわからないこととの出会いは、経験値を上げるチャンス。

学ぶことは、考えるための素材を蓄えることであり、考える方法を身につけることでもある。

❸ 学ぶことの責任

学生の立場を十分に生かして欲しい。

現代の日本で大学生活を経験できることは、世界的な規模で見れば大変な幸運。

学ぶことは権利であると同時に、幸運に恵まれた人の義務。良い仕事をし、より良く生き延びるためにも必要。

おすすめの本

池田香代子再話『世界がもし100人の村だったら』マガジンハウス、2001年

コンパクトで文字が少なく、一通り目を通すだけなら短時間で読めます。書かれた内容について、じっくり考えてみてください。

D.ウェイドマン（幾島幸子訳）『ハーバードからの贈り物』ランダムハウス講談社、2004年

ハーバード・ビジネススクールの最終講義を15篇集め、エッセーの形にまとめた本です。ビジネスエリートに向けてのリーダー論が中心ですが、良く生きることを考える人なら、参考になるところがたくさんあると思います。私は最初の「転落から高みへ」という一篇が特に好きです。この本は、2013年にダイヤモンド社より再刊行されています。

終わりに

初めてのテキストを作ってから8年が経ちました。初めは多くの人から無謀だと言われた、学生さんからのコメントペーパーを素材にした授業も、何とか軌道に乗ってきました。毎時間、皆さんからのコメントはとても面白く学びになります。独り占めするのはもったいないので、共有し一期一会、そのときそのクラスだけの学びを作っています。

自分自身が案外ものをよく考えているなと自覚する人もあれば、同じ教室に、なんてかっこいい考え方をする人がいるんだろうと、再発見する人もあるでしょう。え、それは違うんじゃないの？と疑問に思うことも、もちろんあるでしょう。そう、同じ教室の中に、こんなにもいろいろな考えや知恵があるんです。

この8年のうちに50歳を過ぎてしまった私も、まだまだ学ぶことがたくさんあります。今回修正したくなったのは、LGBTをはじめとする性的少数者に対して、配慮に欠ける記述をしていたことによります。最初のテキストには無知故に、性的自認に違和感がなく、異性愛である多数者以外が見えていない記述が、数カ所ありました。この記述で不快に思った人が、少なからずいらしたでしょう。申し訳ないことをしました。

また恩師の一人である大村英昭先生が亡くなられました。とても寂しいのですが、テキストを作っているとき、あまり状態が良くないと聞いていましたから、ご覧いただき、間に合ったことがとても嬉しかった。また、井上俊先生にも、もう一度ご縁がつながり、お二人に喜んでいただけたことが、私の支えになっています。

この本はテキストだけれど、受講生でない人にも読んでいただきたい。そして困ったときにヒントや力にしていただきたい。その思いは変わりません。どうか一人でも多くの人に届きますように。創元社の橋本隆雄さんには大変お世話になりました。ありがとうございます。

2020年7月

山口美和

※大いに参考にさせていただいた本
井上俊・大村英昭『社会学入門』日本放送出版協会、1988年
　放送大学のテキストです。2020年現在『改訂版　社会学入門』のタイトルで、放送大学教育振興会から出ています。

◆ 著者略歴 ◆

山口美和

（やまぐち・みわ）

山口（月田）美和。1964年大阪市生まれ。1988年大阪大学人間科学部卒業（社会学専修）。1996年大阪大学大学院言語文化研究科修了。博士（言語文化学）。関西女子短期大学を経て、現在、関西福祉科学大学勤務。著書『日本企業における「和」の機能』（大阪大学出版会）

より良《よ》く生《い》き延《の》びるための14章《しょう》

社会学の知恵も使ってみよう

2012年9月10日　第1版第1刷発行
2022年9月30日　第1版第4刷発行

著　者………山口美和
イラスト………山口真由子（第5章）
発行者………矢部敬一
発行所………株式会社　創元社
https://www.sogensha.co.jp/
本　　社　〒541-0047大阪市中央区
淡路町4-3-6
TEL.06-6231-9010（代）
FAX.06-6233-3111（代）
東京支店　〒101-0051東京都千代田区
神田神保町1-2 田辺ビル
TEL.03-6811-0662
印刷所………株式会社　モリモト印刷

ISBN978-4-422-93048-0 C1030